名医が語る親子学

——子どもの体質を知って個性を伸ばす

丁 宗鐵

Tei Munetetsu

明治書院

まえがき

学校や教育について、メディアでは、さまざまな問題ばかりをとりあげてきました。

たとえば、子どもたちの自己肯定感が低くなっていること。やる気が感じられず、受け身になっていること。落ち着きがなく集中できないでいること。ささいなことでキレること。「ぼっち」でクラスになじめないでいること。

いつも何か良くない部分を見つけて、問題だというのです。

それを、家での育て方のせいにされても、親としては困ってしまうわけです。自分はできていたのに、なぜ子どもはできないのかと。

しかも、仕事、育児、家のこと……。特におかあさん達は本当に大変で日々やらなければならないことが山積み。対応に追われる毎日です。

よく目にする、こうした問題は「各論（かくろん）」といいます。
一度、各論で考えるのを、やめてみてはどうでしょうか。

何か困ったことが起きてから、トラブルが発生したから、なんとかして対応しよう、対処しようとします。

それでは、後追いの対症療法にすぎません。

ですから、また何か問題が起きれば、後手に回り、対応を繰り返すことになります。症状を抑えたり、つらさを和らげたりするための薬を出すようなもので、根本的な解決ではありません。

困ったときだけ、お医者さんにかかり、すぐに効く薬はないかと聞き、普段は何の注意も意識も払わずに、過ごしたいように過ごしているのでは、いつまでたっても健康体にはなりません。

各論ではなく、時間をかけて根本的な土台から作っていくことです。

私は西洋医学と東洋医学を修め、日本薬科大学の教授と学長を務めるかたわら、週に2回、日本橋で漢方の診療にたずさわっていますが、漢方では、その人の体質を見ます。身体のありようと、そして病気を診《み》ます。人によって、処方を変えていくのです。

体質は、みんな違うのです。

アプローチを変えていくのは、漢方ではそれが当たり前だからです。

教育はどうでしょうか。体質を見ていますか。

土台を作るのは、いつでしょうか。

人間の身体や心は、思春期から青年期にかけて、大きく伸びますから、こうした時期の過ごし方はとても大切です。

成長の早い子（早生・わせ）も、遅い子（奥手・おくて）もいます。

そうした自分自身を見つめる時期に、どのような人と出会うのか、環境はとても重要です。

親は、子どもの体質を見てあげたうえで、その子にあった環境や、居場所を選ぶ手助けをすればよいのです。

子どもが、親以外の大人と向き合う機会をどう作るか。

子どもどうしで向き合う機会をどう作るか。

こうした視野の広さをもちつつ、親が子に、子が親に向き合う機会をどう作るかを考えていくことを、この本では「親子学」と呼びます。

しかし、老いも若きもみな忙しい現代です。大人も子どもも、目の前のことばかり、自分のことばかり考えていませんか。

もう一度いいます。

問題があったときだけ向き合うのでは、対症療法です。

あとで大きく育つ土台を作るために、親は何をすべきでしょうか。

大事なことは各家庭で違うと思いますから、あくまでひとつの参考例として、この本をご活用いただければと思います。

1章は、小学生など「子ども」のこと、子どものころのこと。2章は、中学生・高校生など「子ども以上、大人未満」のこと。そして3章、4章で、20歳あたりからのこと、人生や暮らしのことというように、人としての成長をゆるやかになぞっています。

ちなみに息子は、日本では珍しい「全寮制」の中高一貫校で育ちました。東京大学に合格して、いまでは一級建築士になっています。

娘はふたりいて、年子です。ふたりとも、息子と同じ中学・高校を選び同じように寮生活をしていました。長女は立教大学に進学し、上智大学の法科大学院を出て弁護士になりました。次女は獨協医科大学へ進み、医者になって、アメリカのメイヨー・クリニックに留学しています。

立派なのは子どもたちです。

私は土台や環境作りをしてきただけです。

いまでは、みな成人して自立していますし、家族の仲もよいですから、それなりに親の責任は果たせたのだと思っています。

そんな私が、息子や娘たちに実際にしてきたことや、それぞれの子どもとの約束ごとなど、ありのままにまとめました。

親として考えたこともありますし、医者として考えたこともあります。学校教育や学び、心身の健康、暮らしのことにもふれています。何が読者のみなさまの「親子学」のヒントになるかはわかりません。

これまでの経験や子育てを振り返って、その成功、失敗含めて、この本ではじめてお伝えすることも数多くあります。いまだから書ける話ばかりかもしれませんが、よろしくおつきあいください。

丁　宗鐵（てい・むねてつ）

第3章　20歳前後、大人の入口で見えてくる学び方

第1章

個性の見方と、人生の土台の作り方

——小学生のころから現れてくる個人差

食べ方で、体質と、個性の土台を見る。

体質は、人それぞれです。
小さい子どもは、まだ自分で判断できませんから、そこは親が見ておかなければなりません。

親と子で体質が同じとは限りません。違うこともあります。
子どもの場合、はっきりしてくるのは小学校高学年です。
親は、子どもの食べ方や量をよく見ておきましょう。
無理に食べさせるのではなく、食べ方を見るということです。

体質は、**実証**（じっしょう）、**中庸**（ちゅうよう）、**虚証**（きょしょう）の3つで分けると考えやすいでしょう。

実証なら、食べるのも早いし、食べてから、すぐ動けます。給食の後、どう過ごしているかをお子さんに聞いてみてください。すぐ校庭に行って走っているようであれば実証です。

実証の子はスポーツも好きなことが多いです。それも一種類ではなく、サッカー、野球、あれもこれもやってみたくなり、掛け持ちできてしまう。そういう子も実証です。

虚証は、その逆です。食べるのに時間もかかります。食べたあとも休息が必要です。虚証の子は運動が苦手なことが多いです。どちらかというとゆっくり日かげで本を読んでいたいかもしれません。胃腸が強くないので、休息が必要になるからです。

それが、体質の違いであり、タイプの違いとなります。

❖無理に食べさせないのも、食育。

＊毎日の食事がいやなものではなく、楽しいと思えるようになることも、長い目で見れば「食育」の土台になります。たとえば、食べ放題(ビュッフェ)で取る量を、自分でちょうどよくできるようになることも、食育になるのです。

❖各タイプの割合は異なる。

＊おおよそ実証10%、中庸80%、虚証10%くらいでしょうか。

❖体質に気づき、伸ばし方を工夫する。それが個性につながる。
＊体質は、ありのままに受け入れて、そのうえで、どう育てていこうかと考えるのが、親の役目でしょう。夫婦でよく子どもを見ることです。

体質が違えば、育て方、伸ばし方も違います。それが個性です。基本的な行動、食事、睡眠を気にかけていきましょう。

実証タイプの子は、好きなことはどんどんさせてください。

きわめさせていいと思います。

ただし、実証の子は途中で気分が変わることがあります。

たとえば、小説家をめざしていたのに、プログラマーになりたいといいだすこともあります。ある程度、同じことを続けると、飽きてしまうのでしょう。

そのときどきで夢中になっていくものも変わり、そのつど、どんどん進もうとしていきます。

親は、それをサポートしていけばよいかと思います。のめりこみすぎたり、やりすぎたりして身体や生活を壊してしまわないように見ていくことです。

＊早く結果を出すのが実証。ゆっくり結果を出すのが虚証です。

＊人間国宝の方は虚証が多いようです。長期的には、実証の人ががんばってもかないません。

虚証タイプの子は、やりすぎだと思うと自分でブレーキをかけます。しかし、一生かけてコツコツ何かをやっていきますから、**「それでいい」と声をかけるのが親の役目でしょう。**

虚証の子は、ある意味、人間国宝的な人生といえます。コツコツやって、一生かけて膨大な仕事をしますが、大きな成果、派手なことを求めない。コツコツです。徹夜して何かを仕上げるとか、そういうことを期待してはいけません。

親としては、毎日決まった時間をちゃんと守らせること。生活をキープする手伝いをしていきましょう。

ちなみに、うちの3人の子どもたちは、少しずつタイプが違いました。

長男は子どものころから食が細くて、虚証です。いまは中庸に近くなりましたが、そんなに無理ができるほうではなく、基本的には弱い体質の子どもでした。
長女も、わりに弱くて虚証気味でしたが、いまは中庸です。
次女は、子どものころが中庸くらいで、現在は、中庸からやや実証くらいです。

日々の生活においては、長男、長女が弱い虚証寄りということで、とにかく「規則的な生活」をするように気をつけました。

食事も、胃に負担のかかるような、しつこいものなどはあまり食べさせないようにしました。

そして、もう1つ生活で忘れてはならないのは、睡眠です。

虚証の特徴として、朝が弱いことがあげられます。
しかし、きょうだいがいると、この点はいくらか対処できるようになります。ほかのきょうだいが起きると、自分も起きなくちゃ、と起きてくれるからです。親としては助かりました。

❖親子、きょうだいで体質が違うこともある。

＊体質に、遺伝も多少はありますが、同じとは限りません。うちも違いました。だから、こうしたことを知らないと、自分とタイプが違う子だったときに、とまどうのだと思います。

＊そのためには、小児期の子どもたちは同じ部屋で寝かせるのがよいでしょう。

親として、寝る時間には例外を設けませんでした。

しつけで一番難しかったのは真ん中の子で、時間どおりに寝なかったのですが、上と下のきょうだいがいたので、上と下が時間どおり寝れば、真ん中の子も寝ざるをえません。ひとりっ子だったら時間どおり寝なかったと思います。我の強い子でしたが、みんなが寝るから一緒に寝ていました。

朝も、本当は自分はもうちょっと寝ていたかったのだと思いますが、周りが起きますから、仕方なく起きていたのでしょう。

それでも、親に無理にいわれるのと、きょうだいが自然にそうするのとでは、違うのです。

押しつけるつもりがなくても、親がいえば、子どもの側からすれば押しつけと思ってしまうわけです。

だから、まず子どもの体質を見きわめないといけないのです。

無理じいというのは、よくありません。

たとえば、学校の給食も、昔は全部食べなさいといっていたと思いますが、それは、間違いです。

胃腸が弱い虚証タイプは、食べるのも遅いですし、何かをこなすのにも時間がかかります。その子に合わせたものを、合わせたスピードで食べてもらうことです。

画一的に、同じ食べ物を同じ量だけ与えるようなやり方ですと5分で食べてしまう子どももいれば、1時間経っても食べきれない子も出てきます。

それは、違いです。

良い・悪いではありません。

5分で食べるから良い子ということではないのです。

それは体質です。

個人差、個性といわれるものです。

❖違いは、違い。良し悪しとは別。

＊実証が良い、虚証が悪いということではありません。ただの違いです。

＊親ができたことを、その子どもができるとは限らないのです。それを押しつけて無理にさせようとすると、非行に走ってしまったり、引きこもりになってしまったりということもあるかと思います。

ありのままに受け入れて、そのうえで、この子はどう育てていこうか、という話になります。

違いは、ただの違いです。評価をつけるのはやめましょう。

学校で、無理に早く食べるようにというと、ある意味いじめになり、できないと劣等感を与えてしまうのです。

それは家庭でも同じです。劣等感や罪悪感が大きくなっていくと、そこは安心できない場所になってしまうのです。

POINT

◎**体質の違いは、食べ方で見る。**
◎**実証の子は、好きにさせてみて、フォローして見まもる。**
◎**虚証の子は、規則的な生活ができるように支える。**
◎**体質の違いは、良い・悪いではない。**

成長期はバランスのよい食事をという、本当の意味。

食の細い、あまり食べない子もいますが、なかには、本当は食べたいのに、食べにくいから食べられないという子もいます。食が進まないようなら、その子が食べやすい形、食べやすい食事にすることが大切です。

なるべく、火を通した、こなれのよいものを揃えましょう。調理法として、発酵させてあるものや、火を通したもののほうが胃腸にはやさしいのです。乳製品なら、チーズとかヨーグルトを適宜取り入れるとよいでしょう。

❖胃腸にやさしい食材や調理法を。

＊消化のいい食材を選び、なまものは避けて火をきちんと通すことです。発酵食品みたいなものも選んで添えましょう。

❖何を食べるか、気にしすぎないこと。

＊気にしすぎると、食事そのものに肯定的な感情を持てず、楽しめなくなってしまいます。

食事は楽しいものであることを伝えるのも、家庭の役割です。

ほかに注意点としては、牛乳や、豆腐、野菜ジュースなどに頼りすぎないことです。便利で手軽ですし、消化にもよさそうですが、特定の食品ばかりとることは、よくありません。

野菜自体はよいのですが、いまの野菜ジュースは甘すぎますし、冷えたまま飲みすぎると身体を冷やします。

大豆も火を通したほうがよいのですが、豆乳はヨーグルトもできます。絶対にダメ、絶対によい、ということではないのです。

成長期は、体質的に合わないものを除けば、バランスさえよければ、たいてい大丈夫です。

気にしたほうがよいけれども、気にしすぎるのもよくない。

要は、バランスです。

同じものを大量にとってしまうことはよくありません。

❖好き嫌いがあれば、代わりのものを。

＊うちの子は、食べものの好き嫌いがありましたが、嫌いなものを無理には食べさせませんでした。同じ栄養がとれる、ほかのものを食べるようにいいました。

＊いまは食が多様化しています。ですから、いろいろなものを食べさせてあげるのがよいでしょう。

＊子どもは飲みませんが、コーヒーも豆です。

「バランスよく食べなさい」というのは、好き嫌いを否定して、無理に食べさせるためにいっているのではないのです。

タイプ別にいいますと、虚証の子は胃腸が強くないので、火を通したものや、発酵したものがよいのですが、実証の子は、大人に準じたものを食べても大丈夫です。

きょうだいの場合、おにいちゃんといもうとが体質や食の好みが違うことは結構あるように思います。その場合は、大変かもしれませんが、ほしがったときは与えればよいということではないことに注意してください。

虚証の子のなかには、まれに、豆類がよくない子がいます。たとえば、チョコレートも。好きなのにお腹を下してしまったり、腸の反応を起こしやすかったりするのです。

好きでほしがるけれど、それが体に合わない。

それは漢方でいう「病気がほしがらせている」状態です。食べると蕁麻疹が出るのに好き。食べると下痢してしまうのに好き。病気が体にあると、それが原因でほしがらせるという考え方が漢方にはあります。西洋医学の考え方とはちょっと違います。

POINT

◎**基本**は、いろいろな**種類**で、**栄養**のバランスをとる。
◎**成長期**は、合わないもの**以外**は気にしすぎなくていい。
◎好き嫌いは無理に食べさせず、ほかの食品でカバー。
◎ほしがっているものを、**身体**が**求**めているとは**限**らない。

漢方医として「朝カレー」をすすめる理由。

❖野菜の量を多くとるには、温野菜。

＊いまは、野菜全体においていかわりに、糖度が高くなっているかわりに、ビタミンが少なくなっています。ですから、野菜でビタミンをとろうとしてサラダで計算すると、とても多くの量が必要です。

野菜の量をとることができ、消化にもよいのは、やはり温野菜です。その温野菜を食べやすいように、スパイスをきかせてカレーにしたらよいでしょう。

古代、奈良時代から日本にはインドからスパイスが入ってきていました。正倉院には、世界最古のスパイス標本があります。

漢方医として、スパイスの効能には着目していました。

スパイスには辛いイメージがありますが、辛くないものもあります。カルダモンのようにさっぱりしたものもあり、これを使っ

❖野菜もたんぱく質も手軽にとれるから、「朝カレー」がおすすめ。
＊たんぱく質もとりましょう。肉もよいですが、魚のほうが不足しがちです。そのあたりを気にかけて、献立の中心にするといいでしょう。

たカレーもおすすめです。ちなみに、いわゆる唐辛子は、漢方でいうスパイスではありません。大人向けの辛み成分です。

温野菜を朝から食べるには「朝カレー」がおすすめです。肉や魚など、たんぱく質も含めてバランスも保てます。

子どもはカレーが好きなことが多いですから、上手に野菜を入れていきましょう。トマトが生で食べられなかった子も、カレーに入れたら食べたということがあります。

スープカレーでも、もちろん大丈夫です。スパイスの効いた温野菜のスープでも構いません。

カレーも、市販されている普通のカレー粉で十分です。市販のルーは油も多めですし、油の種類も体に合ったものを選べませんので、もし、カレー粉やスパイスでカレーを作ったことがないのであれば、ぜひ、一度は作ってみてください。

これまでほかの著書で、おすすめの食材などを紹介しましたが、それは大人向けの話です。子どもは成長期ですから、、いろいろなものをバランスよく食べていれば、特に問題ありません。

成長期というのは、そういうものです。

体に合う食材なら、何を食べても大丈夫だと思います。

食育の観点からも、カレーがおすすめの理由があります。

お子さんが夏休みの自由研究で題材に困っていたら、スパイスからカレーを一緒に作ってみてはいかがでしょうか。

普段、料理をしないお子さんでも、スパイスの種類や量をいろいろと調合して試してみたり、それを一緒に食べたりできます。家族のそれぞれの好みでブレンドしてみるのもよいでしょう。好奇心旺盛なお子さんでしたらゲーム感覚で楽しくできるかもしれません。とてもよい食育になります。

❖家庭にスパイスを。

＊市販されている、この10種類のスパイスで、カレーができます。

・ガーリック
・ジンジャー
・カルダモン
・クミン
・クローブ
・コリアンダー
・シナモン
・ターメリック
・パプリカ
・ガラムマサラ

＊スパイスの良さを引き出すのは、塩と油です。味に奥行きをもたせます。
＊油は体に合うものを選んでください。胃腸にやさしい、オリーブオイルなどがおすすめです。

食に関心をもつこと、作ること、それをいただくこと、そうしたことを家庭でできるのも、カレーの魅力です。

POINT

◎**温野菜**をとれる「**朝カレー**」がおすすめ。
◎スパイスは辛いという**先入観**をもたない。
◎スパイスからカレーを作れば、**油**も**自分**で**調整**できる。
◎**親子**でスパイスカレーをつくることも、**食育**になる。

個人的にはカルダモンがいいと思いますね
さっぱりして、辛くないんです
「脳」の血流量も増します

小学校卒業までに腸を育てる。

❖**腸の長さは小学生のうちに決まる。**

＊腸を育てることは、好き嫌いとは別です。ほしがるものを与えればよいわけではありません。

腸を鍛えられる食品を親が選ぶことです。

小学校卒業までに腸を作っていくことは、親の役目です。**具体的に腸を鍛えるのは、食物繊維と発酵食品、スパイスです。**

この3つの組み合わせで考えてください。そういう意味でもカレーは食物繊維とスパイスがあるからよいのです。

一般的に、食物繊維が含まれているものには「大量にとると、おなかがゆるくなる」的な注意書きのあるものもありますが、これは、食物繊維が悪いということではありません。

気になるのであれば、発酵した食物繊維にして、腸内に善玉菌

❖**食事のときは、ゆっくりと食べることを大切に。**
＊だらだらテレビを見ながら食べるのは、よくありません。
＊うちは、子どもが小学校のときテレビはありませんでした。
幼稚園のとき、幼児番組を見せた記憶はありますが、小学校になってからテレビは見せなかったですね。


が増えるようにします。たとえば、納豆。伝統食です。

ただ、何を食べても、食べたあとにお腹が痛くなる子というのがいます。そういう子は、時間を前倒しして食べることです。

そして、食べている間は、時間を急がせないこと。ゆっくり、よくかんで食べさせることです。


腸でいえば、食事で一番気をつけたいのは甘いものです。**甘いものは、もう消化する必要がないので、胃腸がどんどん弱くなってしまいます。**

腸は人間の一生にかかわります。成長期は、多少、胃腸を鍛えるようにしてください。食物繊維としての野菜、発酵食品としてヨーグルトなどを添えるようにしましょう。


腸を育てるのは親の役目です。

現代は、冷えたもの、冷たいもの、甘いものが増えていますが、

❖糖質・糖類・糖分の違い。

＊糖質…炭水化物から食物繊維を除いたもの。でんぷん、オリゴ糖など。

＊糖類…糖質から多糖類やアルコール類を除いたもの。砂糖や果糖、ブドウ糖など。

＊糖分…広い意味での「糖」。糖質の意味でも糖類の意味でも使われます。

＊アトピーやアレルギーに関係しますが、砂糖などの糖類が多いと炎症反応がひどくなりがちです。アト

これがよくありません。腸に、砂糖や果糖、ブドウ糖などの糖類がダイレクトに入ってくるからです。

　こうした糖類は、本来、炭水化物を分解してできる最終産物です。腸が働いた末にもらえるごほうびです。それが、いきなりドカンと入ってきては、腸は何もすることがなくなります。それで腸の成長がなくなってしまうのです。腸は、半分は平滑筋でできています。そこが鍛えられないと、体力のない子どもになってしまいます。

　もし、そうなってしまったら、まず、食物繊維をとる。そこから作りなおすことです。冷たいもの、甘いものをとらせないようにして腸を鍛え直します。

　糖質制限が世間で流行っていますが、本当に糖類の制限が必要なのは、子どもです。太ってしまった大人のためではなくて、腸

ピーの子は、お菓子を食べると、かゆみが増強してしまうことがあるのです。

を鍛える時期の、子どもこそ糖類を控えたほうがよいでしょう。**子どもにとって、炭水化物は食べてもよいものです。**砂糖、果糖などの甘い糖類は、たまにはよいのですが、習慣にしてはよくありません。とにかく間食や夜食をしないで、食事のときにきちんと食事をとるということです。

これは、アメ玉一個でも影響します。食間は水を飲むくらいにしましょう。特に虚証の人は、食事と食事の間には胃腸を休めるんです。すると、いろいろな機能が修復されやすくなります。

子どもにはお茶もよくありません。デカフェ(カフェインレス)も流行っていますが、子どもには麦茶で十分です。

POINT

◎子どもは炭水化物を食べてもよい。
◎腸のことを考えるなら、糖類を控えて、食物繊維を。
◎食事と食事の間には、胃腸を休める。

一生役立つ生活習慣は、朝の過ごし方から。

大事なのは、一生、役立つような勉強の仕方と、規則的な生活習慣です。

食事もゆっくりよくかむことがよいのですが、勉強も長い目でじっくりしていくのがよいのです。

特に、虚証の子の場合は、その傾向があるでしょう。浪人するかもしれません。18歳ではまだ勉強の成果が出ずに、30歳、35歳くらいにピークが来るかもしれません。もっと遅くたってよいのです。

❖とにかくコツコツやる。やってもらう。
＊コツコツやって続けられるものを見つけてあげる。絵でも、将棋でも碁でも、何でもいいから、見つけてあげる。
それも親の役目です。


親としては、そういうピークが来るからと考えて、コツコツとやることの良さをわかって、知っておいてもらうことです。

コツコツやる習慣を身につけさせることが大事です。

何か興味をもてるものを早く見つけてあげられると、子どもにとって幸せな道になります。


勉強を決まった時間にすることは、よいことです。

しかし、勉強さえ規則的であれば、ほかはどうでもよいということではありません。

生活の習慣を作ることです。

親子で話す時間を定時にもつのもよいでしょうし、家の手伝いや掃除の時間を決めてもよいのです。

そして、寝る時間を決めるのも、生活の基本です。

❖朝の弱い子こそ、逆に早起きを。

＊朝は自然に目が覚めるように、無理に起こしませんでした。早く寝れば早く起きます。

＊うちは子どもが3人いたから、1人が起きると、ほかの子も起きました。子どもが多いとそうなります。子どもどうしのコミュニケーションが大事です。

虚証の子は、立ち上がりが弱いのです。朝も弱いですから、逆に、普通の子よりも早起きさせたほうがよいのです。

虚証ですと、血圧が低い傾向があり、どうしても午前中エンジンがかかりませんから、だらだらと血圧が低いままでいて、血圧が普通になってくるのがお昼過ぎになってしまいます。

それで午前中は集中力がない。

授業がある日に、朝ぎりぎりまで寝たいからと、寝かせておくのは逆なのです。

それでは朝ごはんがゆっくり食べられません。それで午前中に馬力が出ないのに、お昼に給食を食べると、給食を食べた後に眠くなってしまうのです。

それで午後も集中できずにいて、勉強が遅れてしまうことが続

❖**先を考えて逆算する。**

＊未来から逆算して考えるバックキャスティングは地球温暖化対策などの学習でも使われますから、いまの子のほうが理解が早いかもしれません。

いてしまうのです。

そういう悪循環をなくすようにしてあげることです。

朝カレーをすすめるのは、早起きしてゆっくり朝ごはんを食べてもらう意味でもあるのです。

朝、食べるとおなかが痛くなってしまうお子さんや大人もいますが、それは、朝の時間にゆとりがないからです。

たいてい、虚証の人は朝が弱いですから、ぎりぎりまで寝て、急いで朝ごはんを食べ、おなかが痛くなってしまいます。

それを防ぐためには、むしろ、朝早く起きることです。

学校に8時に行くなら、朝ごはんは7時に終わらせます。起きるのは6時になり、寝るのは22時になります。そのように逆算してください。子どもはそういう知識がないから、親が知っておくことです。

おそらく、朝の弱い子には、なんでもかんでもしてあげたくなってしまう（しないと進まない）ということかもしれませんが、それでしたら、毎朝、決まったことを子どもにさせたほうがよいかもしれません。

食べたあとの洗いものや、食器を拭いて棚にしまうとか、食卓のテーブルをふくとか。軽く体を動かすことです。

少し、体を軽く動かしたほうがよいのは、血圧が早く上がるからです。調子が出るように体を動かして、夜も早く眠る。

虚証の子は、朝が弱く、お昼すぎから調子が出てくるので、どうしても夜型になりがちです。しかし、それで1日がだんだんずれていくのです。

最低限、規則正しい生活を身につけておくようにしていきましょう。

先頭集団をめざさなくても、それに近い第2集団でいいから、ついていくようにしむけておきたいものです。

体を動かすのも、運動強度が強いものをということではなく、コツコツとできるものをすすめましょう。ラジオ体操や、家のちょっとした手伝いがよいでしょう。はりきってランニングなどにしなくても結構です。無理して続かないよりは、ゆっくりと散歩でよいのです。

❖朝の「もくもく掃除」。

＊学校の掃除の時間は、昔は放課後でしたが、近年は教育の現場で、さまざまな取り組みがあります。「もくもく掃除」のように、朝、静かに掃除をする学校も各地にあります。

＊丁寧に、集中して何かに取り組むことは、コツコツと何かをしていくこととつながります。

POINT

◎規則正しい生活習慣を身につける。
◎朝が弱い人ほど、早起きして、ゆっくり朝食をとる。
◎毎朝、決まったことをするようにするとよい。
◎軽い運動や、家の手伝いなど、体を軽く動かすことをする。

子どもがおかしい、と思ったら、大人が、家の中の全体をよく見る。

睡眠時間には個人差もありますが、子どもであれば8時間から9時間くらい、高校生でもおよそ7時間は確保してください。睡眠が短いと記憶の定着力が弱くなりますから、記憶して思い出すことができなければ、成績は上がりません。

記憶は、夜、寝ている間に定着します。その時間を大切にするということです。脳の中で記憶を定着させる作業のために、必要な時間を確保するのだと教えましょう。

睡眠は無駄な時間ではないことを、親が伝えてください。

❖夜は、寝るもの。暗いもの。

＊昔より、いまの家は明るいです。灯りは、あんどんほどの明るさで十分。暗くして寝てしまうことです。

私は子どもたちと真っ暗な部屋で寝ていました。

＊うちは子どもが小学生のころ、家族全員同じ部屋で寝ていました。
仕事の関係で親が夜遅く帰ってくる家もありますから、すべての家庭でできるわけではありませんが。

ただし、睡眠が短くても大丈夫な人もいます。いわゆる、ショートスリーパーです。これは、子どもでもいます。

血圧が高いとショートスリーパーの傾向があります。中高年になるといろいろな病気になりやすいので、気をつけてください。大人も、子どもも、健康診断をしっかり受けましょう。

あるいは、全然眠くならないというお子さんは、それはどこか健康上での問題があることがあります。循環器系になんらかの異常があることもあるので、お医者さんに診てもらってください。

なかなか子どもが寝つかなくて、親のほうが参っている場合もあるかと思いますが、小さいときから、眠る習慣を確立できていないケースで多いのは、夜中も電気をつけている家です。

驚くことに、明るいままの部屋で寝るようにという親が意外に多いのです。これは寝られませんから、やめましょう。

❖家の中の環境や、親の生活が子どもに影響する。

＊親が遅くまで起きて騒いで、子どもには早く寝ろという家もありますが、それではしつけではなく、命令です。

一緒に寝てあげることで、しつけになり、スキンシップにもなります。

一番いけないのは、夜に明るい部屋でパソコンを見たり、テレビを見たり、スマホを見たりすることです。

寝る前にそういうことをさせないよう、家の中全体を誰かが見ないといけません。

「うちの子が食べないんです」、「寝ないんです」という前に、まず、家の中がどうなのか観察することです。洞察力が必要です。

子どもの様子がおかしいと思ったら、親自身の生活から見直すことです。子どもだけを直せるわけではないのです。

親と子どものタイプが違うこともありますが、親が実証で遅くまでテレビをつけて起きて、それで子どもに早く寝るようにといっても、それでは寝られません。日本の家庭事情だと家が狭いですから、隣の部屋で音がしても、気になってしまうのです。

小学生は、自宅できちんと生活して習慣を確立する。

ちょっと勉強ができることよりもそっちのほうが大事です。テレビやスマホは、生活習慣を乱れさせる要因になるから危険です。ただ、だからといって、まったく見るなとか、高圧的に出る必要はないと思います。夜遅くなるのがいけない、というポイントを押さえればよいのです。夜、なかなか眠れない子は、前倒しして、早く寝られるようにします。

とにかく寝る時間を決め、しっかりと励行します。それについては一秒も妥協しません。夜22時に寝ると決めたら、消灯して、家族全員で寝ることです。

❖家族で寝る時間、消灯時間を決める。

POINT

◎寝る時間を決め、睡眠をしっかりとる。
◎子どもがおかしいと思ったら、親も含め家全体を見て振り返る。
◎小学生は、生活習慣の確立が大事。

幅広く、学校の成績とは関係ない勉強を。

❖自分から勉強するようにしていく。

＊子どもが小学生のとき、親から「勉強しなさい」とは絶対にいいませんでした。

勉強は大事です。

ただし、無理にやらせるのではなく、自分から勉強するようにしむけていくことが大事です。

幼少期の勉強は、いろいろなエッセンスがしっかり入って、バランスよくできている「教科書」をベースにするのが一番効率がよいですから、学校の授業に集中してもらう必要があります。

そこで、学校の勉強は学校で、宿題も学校でできることは学校でやってきてもらうようにしたのです。うちでは、家に帰ってき

たら、子どもたちに教科書を開かせませんでした。

家では別のことをやってもらう。そう心がけていました。

塾は、いわゆる学習塾には行かせませんでした。

習いごとは、幅広く。

小学校に上がる前くらいから、お絵かき教室、水泳、ピアノ、バイオリン、習字。子どもが希望したのでダンスも。

毎日、違う日課を組んで、勉強以外のことをさせていました。

なかでも、お絵かき教室には週に2回くらい通っていました。先生がよかったというのも理由です。うちの子は3人とも、お絵かきの教室が大好きで、親が何もいわなくても、自分から行っていました。

小学校高学年くらいになると、学校で嫌なことがあったとき、お絵かき教室の先生に相談していたようです。


❖家では、学校と違うことを学ばせる。
＊習いごとは別の学校の友だちもできます。地域の交流も大切にできます。
＊お絵かきは、アトリエ「ムッシー」の小林夫佐子先生。社会のことも含めて、学校の先生とは違う何かを教えてもらっていました。

見ていれば、わかります。お絵かきの教室に行くと、そのあと子どもがすっきりした顔をしている。

そして、次の日。小林先生から電話がきます。こういうことがあったみたいです、と。それで親も安心です。小林先生は、私とほぼ同じくらいの年なのですが、親以外で間に入ってくれる人がいることは、とてもよかったです。

親や先生以外の大人と話ができることは、子どもにとって収穫です。

学校とは違う勉強で、成績とは関係がないことがよかったのでしょう。すべてを学校に期待してはいけませんし、家でできることにも限りがあります。そのちょうど中間か、どちらでもない領域で、うまく入ってくれる人を見つけることです。

その教室では、取り壊される古い消防署を見学に行こう、など

❖家とも学校とも違う、別の大人の存在。

＊子どもは、何か悩みやトラブルがあると、お絵かきの先生にいいます。親にいえないこともありますから。そうするとお絵かきの先生が親に、こういうことを悩んでるみたいです、と教えてくれたのです。

＊建物をみんなで見に行って、スケッチして。息子が建築の道に進む理由の1つになったでしょう。

＊バイオリンは定期的に発表会があり、そこで恥をかきたくないからと練習していました。それ以上のことは要求しませんでした。

＊やりはじめたら、限界までやらせてみることはありました。そのほうが見きわめやあきらめもつくと思います。

ということもしてくれました。そのためか、いまでも息子は、古い建物や地域を活性化するような、古いものを残しつつ街を作り直すプロジェクトが好きみたいです。

喜んでしていることは、続きます。
親が何もいわなくても、自分で動くようになります。

そうではないことをどうやるかという動機づけは難しいです。たとえばバイオリンは、長男は好きでしたが、長女はそれほど好きではなかったようです。しかし、続けているうちに好きになっていくこともあるからと、励ましました。何かできたら、何かあげるというような報酬的な動機づけは、しませんでした。

習いごとは毎日でしたが、勉強は足しませんでした。
習いごとプラス塾ですと、厳しいです。学校で一度教わったことを、学習塾でもう一度やると集中力が落ちます。勉強でも何でも、集中度が落ちたまま行うことは、子どもにとってつらいことでしょう。家に帰ってから習いごとに集中してもらっていたのは、そういう理由です。

習慣化して、規則的にやっているから、そんなに疲れてしまうことはなかったようです。学習塾まで行っていたら別ですが、どちらかといえば楽しくできるようなものでしたから。

社会性についても、習いごとで学んでいました。**社会性は、友だちどうしで遊ぶなかで、人とのかかわり、想像力から磨いていくものです。**

その点でも、お絵かき教室での学びは、社会勉強になったようでした。ときには新聞を広げ、社会や事件のことを先生がいろいろと教えてくれていたみたいです。

住んでいた地域はあまり豊かではないところでしたが、いろい

❖社会勉強になる場を。

＊家庭の複雑な子、ハーフ（ダブル）の子など、背景の異なる子どもたちが集まっていて、みんなで話し合い、支え合うことを学ぶ場となっていました。

＊お絵かき教室の友だちとは、いまだに連絡をとりあって集まっているようです。子どものころからのプロセスも実際の人も知っているから、人生の勉強です。

ろな子どもたちが来ていたようです。近所の話題も、勉強の題材になり、コミュニケーション能力の向上に役立ったでしょう。

いくらおしゃべりできても、一定の人、特定の人とだけではコミュニケーションの力になりません。大人になってもあまり役に立ちません。

自分と近い人や、似たような立場の人だけではなくて、いろいろな人が集まる場でのコミュニケーションを、小学生のころに体験させることが大切です。

塾でも趣味のクラブでもよいので、そういう場所を見つけてあげるのも、親の仕事です。

❖多様な進路、年齢の人と話せる場は貴重。

＊高校に行けなかった子もいれば、大学を出た人もいる環境でした。さまざまな進路や職業についている子がいて、自分の知らない別の世界の話が聞けることがよいですね。

POINT

◎**社会勉強の間口は広く。習いごとは幅広く。**
◎**家庭でもなく、学校でもない、大人の存在を活かす。**
◎**多様な人が集まる場のコミュニケーションを経験させる。**

幅広い可能性から、能力を見まもる。

子どもたちには、楽器を習わせました。

上の娘はバイオリンとピアノでした。下の娘は、クラリネットとピアノ。小学生のときは家庭でミニコンサートをしたこともあります。

長男はバイオリンを熱心に練習していましたが、音がいまひとつでした。長女は、練習をサボり、あまりバイオリンにさわらないのですが、いい音を奏でる。足して2で割れば、すごくよいのにと妻と話していたくらいです。

＊私自身は楽器はやっていないのですが、そのコンプレックスが子どもに習わせる原動力だったのかもしれません。

貧しかったから楽器どころではなかったです。子どもも、それは知っています。

やがて、熱心に練習していた長男が、そこそこいい音が出せるようになり、小学校の高学年のときに、有名なバイオリンの先生のところに行って、音を聞いてもらいました。

将来、バイオリンのソリスト（奏者）としてものになるか診断してもらったのですが、返事は「情操教育にいいから続けてください」とのこと。はっきりとプロの評価を教えてほしいといいましたら、「ダメです」と。

この子はバイオリンでは飯が食えないとわかりましたが、本人には「好きならやりなさい」といいました。趣味として弾く道は残しておきましたが、その先生がよくはっきりいってくれたと思います。

幅広く、子どもにとって可能性のあることを探すのも、能力を見きわめられるプロの目を借りるのも、親の役目です。

❖能力は専門家に見きわめてもらう。

＊「地方の楽団のコンサートマスターにはなれるかもしれませんが、ソリストとしては難しいでしょう」といわれて、がっくりきました。

その日は、私も食事がのどを通らなかったです。

そこで、親としては、切り替えました。

結局、その後、中学1年のときから長男には語学をさせたのですが、語学の才能がありそうだと思ったのは、小学校の3年のとき、1ヵ月のプログラムがあって、ホームステイでロンドンに行っていたからです。

小学4年生のときには、オーストラリアにホームステイに行って、向こうの学校に通わせました。オーストラリアの友だちができて、5年生になったとき、ホームステイ先のオーストラリアの子どもが日本に来たいということになって、わが家に、2ヵ月くらいホームステイして、うちの子と同じ小学校に通いました。

そういう経験をしたので、英語は結構ものになっていたようでした。中学生のわりにはですが、日常会話には不自由しないくらいになってましたね。

❖いろいろと小さな経験をさせてみる。

＊公立の学校でも、こうした交流や体験をいろいろとできるところはいいですね。私立の学校ですと体験プログラムが各種あるように思います。

家庭でできることとしては、くじけてしまった子を、励ますことも大事ですが、こういうこともあるので、あらかじめ、いろいろと小さな体験をさせてあげることです。

その子に合っていることを見つけられるように、幅広く。半分は親の責任だと思いますが、本当は、それを小学校や中学校でできると、もっとよいと思います。

POINT

◎個人の能力差はある。

◎ライフワーク、趣味として続けることにも意味がある。

◎幅広く可能性を探す。その場所を探すのは、親。

◎親の素人判断ではなく、専門家やプロの目を通して見る。

タフでいく子と、ペースでいく子がいる。いずれにせよ、家では休ませる。

体質によって能力が出てくる早さが違いますが、比較的、早く頭角を現す傾向があるのは実証の子です。

人生の前半から、勢いがあって、打てば響いてくるようなタフな子もいれば、最初は手応えも薄く、ペースもゆっくりだけれども、後で土台ができてからは着実に積み重なってくる子もいるのです。実証と、虚証。タフにいくか。ペースでいくか、です。

親としての適切なスタンスですが、虚証の子は規則正しい生活をということにつきます。

❖実証の子は、早熟。

＊ウクライナの男性のバレエダンサーの映画を見たのですが、幼少期から器械体操の才能があり、完全に実証でした。母親がバレエに取り組ませたのですが、子どもの留学のため出稼ぎを重ねるうち、両親は離婚してしまいました。

才能のある子に、家族はどうするのか。その子ども自身は幸せだったのか考えさせられました。

(『ダンサー、セルゲイ・ポルーニン 世界一優雅な野獣』)

❖どちらか選ぶのではなく、メインを決める。

＊サッカーでも野球でも、どちらかはきちんとコーチのいるところへ通わせたらよいでしょう。家の近くで、地域のクラブに参加させると、自然に1つがメインになっていきます。才能のありそうなほうで場所を探す。それが親にできることです。

そして、実証の子の場合は、少しくらい羽目を外しても大丈夫という気持ちで見守っていきましょう。親が止めても、実証の子は、勝手にやってしまうことがあります。

スポーツも1つだけでなく、2つくらい平気でできてしまいます。どちらかに集中しろといってもダメなのです。サッカーもやりたい、野球もやりたい、両方やりたいといって、両方に友だちを作って、それが楽しいということもあります。

親は、子どもが何かをやりすぎないように気をつけてあげることです。止めなくてよいのですが、見まもることだけはしてあげないといけません。

なぜなら、限度を超えてとことんやってしまうことがあるからです。そうならないように、**特に実証の子には、あらかじめ適度な負荷、課題を与えてあげたほうがよいかもしれません。**

実証の子は、内にある過剰なエネルギーのはけ口を誤ると、グレしたりツッパったりしてしまいます。

　何かをしていたいのですから、そのエネルギーを生産的なものに向けてもらうには、課題は勉強でも何でもよいのです。

そして、実証も虚証も、大人も子どもも、みんな家では休むものです。一番よくないのは、親が口うるさく「勉強しなさい」ということです。学校や塾で疲れて帰ってきた子どもが、気持ちや体を休めるのが家です。

　人間は機械ではありませんから、どこかでテンションを下げないといけません。メリハリは必要ですが、塾や学校でテンションが上がっているのですから、家では下がるとよいのです。

　父親と母親、両方ともきちんとしっかりしすぎている場合は、反抗した子どもは家を出てしまうかもしれません。

家は、巣です。子どもも、家でリラックスしたいわけです。

いつも父親がいると緊張するから、父親は普段いなくてもよい

❖家で、休めるように。テンションを調節できるように。

*うちの場合、私の前で子どもたちはあまりリラックスしなかったかもしれませんが、それでよかったと思っています。妻がいれば、ほぐれるわけで、役割分担がしっかりありました。

くらいです。何か大事なことを決めるときに決めればよく、父親なんて冠婚葬祭要員だといっていました。

それでも、小さいころは子ども3人と、私と妻は一緒に、川の字のように、材木のように並んで同じ部屋で寝ていました。

そういう時間が、1日のうちにあるということが大事です。

小学校6年まで、お風呂も一緒に入っていました。風呂の時間までに仕事から帰るのは大変でしたが、夜は同じ時間に寝るわけですから、朝早く出て仕事をして、お風呂までには帰ってくるようにしていました。

そして、ときどき子どもたちの髪の毛を切ってあげていました。小学校のとき、床屋は誰も行っていません。子どもたちは当たり前に受けとめていましたが、子ども3人、同じ髪型でした。うちの妻もついでに切って、きのこカットが4人で、並んだらビートルズ。近所の人は、ふしぎがっていたかもわかりません。

父親としてのコミュニケーションは、あまり言葉でどうこうということはなかったです。ムリにほめたり、おべんちゃらみたいなことをいったこともありません。

子どもの自立の土台は、親としての愛情と、生活習慣です。うちの子たちは中学から寮生活で環境が変わるわけですが、早くから自立するようにいっていたわけではありません。

小学生のとき、無理に独立させようとはまったく思っていませんでした。子どもが困るくらい、過剰なくらいスキンシップしていました。そうしていると、時期が来れば自然に、独立して生活という方向にベクトルが向いてくるのだと思います。

親のほうも、それで昇華できます。

昔は、赤ちゃんに抱きぐせをつけるとよくないといわれていました。いまは、まったく逆で、赤ちゃんのうちは、しっかり抱いて、抱ききって、そうすると安心して独立できるといいます。

❖一緒にいろんなことをするが、無理じいはしない。

＊小学校高学年、思春期になるにつれて、女の子は父親と風呂に入りたがらなくなります。

うちの場合は、最後には水着を着てきて「髪の毛だけ切って」といわれました。息子は6年まで一緒に入っていて、なんということもなかったです。

でも、道を歩くときに、手をつながなくなりました。それで、大人になってきたんだなという変化に、気づきました。

一緒にお風呂に入って、一緒に寝て、一緒にいろいろなことをやって、一緒に笑い、一緒に泣き、そういうことをしたほうが、子どもが成熟して、もう満足しきるわけです。

不完全燃焼ではなくて、完全燃焼させる。そういう教育方針です。成長とは、そういうものです。

大きくなったら、古い殻はどんどん捨てていくもの。昔の殻に戻らなくていいようにしてあげることも、成長なのです。

POINT

- ◎**先を行くタフな子も、後からペースでついていく子もいる。**
- ◎**体質に関係なく、家は休むところ。**
- ◎**一日のうちどこかで、一緒にコミュニケーションして過ごす。**
- ◎**一緒に笑い、一緒に泣き、完全燃焼するという方針でいい。**
- ◎**古い殻に戻れないようにしてあげるのも、成長を支えること。**

伸びしろ、のりしろ、人間としての幅がある間口の広い子のほうが、適応力ができる。

うちの子たちは地域の公立の小学校、青柳（あおやぎ）小学校に通いました。当時の住まいは、文京区の青柳小と窪町小という2つの小学校の学区の境界くらいにあったのですが、受験志向ではなく、地域のさまざまな子どもたちを積極的に受け入れていた青柳小に通っていました。視覚特別支援学校と提携していて、特別授業もありました。

子どものころから、いろいろな人とふれあえる環境だったほうがよいと思ったからです。

❖いろいろな人と、子どものころからふれあう機会があるとよい。

＊あるとき、娘と歩いていたら、道の大通りの反対側に辻井くんがいました。「辻井くん！」って娘が呼んだら、「りんちゃん！」って娘の名前を呼んでくれました。声だけで、うちの娘に気づいたんです。車が行き交うなかで、声を聞き分けて、すごい、耳が違うと思いました。

ある日、娘が「あの子は、ものになるよ」というのです。「上手い。ひょっとしたら世界的なレベルに行くかも」と。息子も、それが誰のことか知っていて「そうだね。あの子は、絶対に行くね」と。

いったい誰の話をしているのだろうと思いましたが、それは、ピアニストの辻井伸行くんのことでした。

青柳小は、近くの筑波大学附属視覚特別支援学校の小学部と交流があり、特に次女は係をしていたこともあって、仲良くなったようです。あとで振り返ってみると、そういう環境は、少しだけ珍しかったかもしれません。

小学校のとき、なるべくいろいろなタイプの友人がいたほうがいいというのは、中学、高校になってくると、どうしてもコミュニケーションの対象が限られてきてしまうからです。

❖社会的刺激で成長する。
＊人と話し合う、発言を求められるなど、家族以外の他者と関わることを社会的刺激といいます。学校は、日常の場面で、ちょうどよい距離感をつかむ、トレーニングの場ともいえます。
特に私立では、学力の面でも家庭の面でも、ある一定層になりやすいのです。

それでも小学生のときは、地元の公立の学校に行くのがよいと思います。

公立の小学校には、いろいろなタイプの子がいて、相互に刺激を与えあいながら成長します。勉強が得意な子も、不得意な子もいます。好きな科目やスポーツも違うでしょう。ピアノが上手い子もいれば、絵が上手な子もいる。大人の想像を超えるような、すごい子がいるかもしれません。

そうした「一緒に勉強する環境」そのものに意味があります。それで、他者の理解の基礎、コミュニケーションの基本回路ができてくるからです。

学校から帰ってきて、すぐに塾に行くような生活ですと、塾の友だちはできるけれども、それでは一定の範囲に収まってしまうわけです。塾に行かない子たちのことは、よくわからないことになります。

だから学校で、いろいろな子と交わるようにしてあげるのです。


当時は、受験に有利な学校に越境させてでも通わせようとする親御さんが多かったのですが、それは、うちとは違う考え方だったということでしょう。子どもの社会勉強のチャンスを、受験の準備のために失ってしまうように思えました。

さまざまな障がいをもつ子や、目が見えない子と、自然にふれあうチャンスは、一生のなかでそれほどありません。それを子どものころに体験するのは、とてもよいことだと考えていました。

そういう価値観を親が持つと、子どもにもゆとりが出てくるのではないでしょうか。

ある種の余裕、人間の幅として。

いま、若い方たちと話していて、伸びしろや、のりしろがある子と、そういう部分が小さくなってしまった子の違いは、なんとなくわかります。

思考や視野の幅といいますか、受容できる範囲、ざっくりといえば間口（まぐち）が広い子と狭い子がいるんです。

間口の広い子には、伸びしろや、のりしろがある。社会的な適応力もある。やがて、柔軟性の高いしなやかな人や、芯のしっかりした、たくましい人になる。

実証タイプでなくても、どのタイプであっても、まず、間口が広ければ、よいのです。

たとえば、映画を見るとします。親子で一緒に映画を見るのもいいでしょう。レンタルで借りてきて家で見ればよいという意見もあるでしょうが、子どもが小さいときには、なるべく映画館に行かせました。

❖体質に関係なく、まず、間口を広げてあげることが大切。

＊いわゆる、社会勉強です。周囲の他者から、人間の機微や違いを理解し、社会性へと育っていくのです。

映画館に行くと、いろいろな人がいます。「あぁ、こういうところで、みんなおもしろがるのか」とか、「自分はおもしろいと思ったのに、周りは誰も笑ってない」とか、そういう人間の機微や違いがわかるわけです。それも勉強であり、社会性になるのです。

ひとりで見ていても、そうしたことは体験できません。何回でも見られるというかもしれませんが、それは大人の考えです。たまには、親子で映画館に行ったらよいと思います。

そして見終わってから一緒に話す。これが、よいのです。

POINT

◎いろいろな人と一緒に勉強する環境が、他者理解やコミュニケーションの力を育てる。

◎間口の広い子には、伸びしろ、のりしろがある。

◎体質に関係なく、間口の広さが重要。

◆丁（てい）の字で振り返る◆

私自身の、教育の話。

私が子どものころ、家の教育方針は「少しだけ前倒し」でした。貧しくて幼稚園に行けませんでしたが、ひらがな、カタカナ、漢字を母親が教えてくれました。

小学校時代は終戦後で、みんなおなかをすかせていました。悪ガキが騒いでも、先生が「給食抜き！」というと静かになる。だから、学級崩壊もなかったです。

そして、小学4年生のとき、そろばん塾に行けとおやじが急にいいだしました。行きたくなかったけど行きました。教室には、商業高校の学生さんが大勢いて、簿記とか、伝票算をやりました。5年生までに終わらせましたが、子どもながらに、こういうお金の計算は自分には合わないと気づきました。やってみてダメだとわかることもプラスの経験になります。あとから考えると、これが自分で進路を考えるきっかけでした。

小学校のころ、好きだったのは歴史でした。

当時、近所で遊んでいる子どもを集め、小学校で放課後に歴史の講義をしていた細島先生という人がいまして、それがおもしろくて聞いていました。その先生は小学校の代用教員で、中学か高校の歴史の教員になりたくて、授業の練習をしていたというのです。それが、先生との出会いでした。その後、わたしが中学に進むと、何とそこに先生もいました。無事に中学の先生になっていたのです。その後、高校の歴史の教員になられたと聞きました。

だから、歴史は、あらかじめ特別授業を受けていたようなものでした。

小学6年生からは、どうせ中学でやるのだからと、母親が見つけてきた英語塾に通いましたが、そこで教えてくれた白井明先生とも歴史の話がはずみました。実は、本職は都立日比谷高校などで教えていた歴史の先生。のちに代々木ゼミナールの名物講師となり、『テーブル式 詳解日本史』という本を出していました。本を執筆している人を間近で見たのは初めてで、この影響ものちに大きかったと思います。

そして、都立の富士高校に進んだら、古文の雨海博洋先生と歴史の話ができました。雨海先生は、のちに二松学舎大学の総長になった方です。

これは、全部偶然です。薫陶を受けた先生方には、本当に感謝しています。

いまでいえば、領域を越えて行き来できるリベラルアーツが近いのかもしれません。

Intermission 学びの眼 ①

「個性の尊重」といいますが、単にわがままを認めることは教育ではありません。体質と個性を見きわめ、どのようにして伸ばすのか、具体的な方法と事例で説明できる方がどれほどいるでしょうか。

対象を見ずに、できていなかったことを必要だというだけでは病気の人に健康が大事だと説くような、かけ声教育になります。

小学校高学年で、体質や気質などが見えてきますから、それで教育方針を決めます。それが合えば子どもは伸びます。子どもを見ずに押しつけ、合わないと、グレるなどの反応が素直に出ます。

少なくとも、タフかペースか、実証か虚証かは見てください。

私も学長として「個性の進展」を大学で掲げていますが、医者としての眼を忘れることはありません。

第２章

子ども以上、大人未満の伸ばし方

――中学・高校、思春期前後はここを見る

週末、金・土・日の使い方が、その人の運命を決める。平日、普段の過ごし方で、その人のスタイルが決まる。

学ぶ意欲をわきたたせるのも、習慣や環境です。

これを、即行、即効で作りあげるのは難しいものです。

学校の勉強は、あくまでいろいろな勉強の一部です。学校は子どものすべての学習の設計まではしてくれません。子ども自身またはは親子で、学習全体のプログラムを立てることになります。それは、自由にできる点でもあり、難しい点でもあります。

具体的にいえば、週末の使い方。金曜の夜、土日の活用の仕方が、その人の運命を決めるのかもしれません。

❖**学校の勉強は、学習の一部にすぎない。**

＊毎日、学校にさえ通っていればよいと、学校におんぶにだっこにしないことです。そう意識することも親子学です。

同じ学校に行っていても、それで変わってくるかと思います。
受験勉強からなるべく離れたところで、何をするか。
もし、私立の中学や高校で、受験の勉強をしっかりやってくれる学校に行くのなら、それ以外のところをどうするかがカギです。

中学・高校は、自分に合う勉強の方法や型、スタイルを見つけて、確立するところです。

コツコツやったほうがよい虚証タイプに必要なことは、コツコツ勉強するスタイルを確立すること。成績の伸びをめざすことに重点を置くより、スタイルの確立です。

夜の何時から何時まで勉強すると決めたら、それをコツコツやるようにします。毎日励行すると、あとで成績が伸びてきます。

ところが、早熟な子どもは気が向いたときにパッと勉強して、本1冊パッと読めて、それで結構モノにしてしまうのです。それ

❖親としての勉強の見方。

＊たとえば、1日必ず3時間勉強すると親子で決めます。友だちと予定があったときでも、どんなに忙しいときでも、1日3時間やるわけです。親は、そうしているかを見ることが、勉強を見ることになります。

＊本当は、そういう子は飛び級で15歳で東大に入学させてもいいのではないか、と思います。

で、もう次の日は遊んでいるものですから、遊んでばかりいるのに勉強できるなんて思われがちです。

本当はそうではありません。遊んで勉強ができるわけがありません。勉強している時間の、集中力の違いです。

集中力で、かなりの成績がとれてしまうのです。

そういう勉強ができる子は、18歳での受験に強い子です。

極端にいうと、コツコツと集中、2つのタイプがあるわけです。

もちろんその間、中間のタイプもいます。

つまり、タイプによって適した教え方、学び方が違うのです。

俗にいう偏差値の高い大学に入っている子は、18歳での勝負に強い子です。漢方でいうと、実証タイプです。あえて名前を出しますと、東大とか、京大に入るのは、無理がきいて、一時的な「ため」がきく感じの子たちです。

❖早熟な子どもにも、勉強の仕方は必要。
＊世の中には、18歳でピークが来て、その後は凡人という人もいるのが実情です。勢いだけで勉強していると、ピークを過ぎたら、どう勉強したらいいかわからなくなってしまうのでしょう。

❖大人になっても、勉強できるように。
＊実証タイプでも、虚証タイプでも、続けられる自分の勉強の仕方を見つけておくことが、生涯、役立つでしょう。

日本の学校教育でもったいないのは、タイプに関係なく、すべての子どもにそういう実証向けの教え方をしていることです。

後半に伸びるような教育を、誰も受けていません。

人生には、何度かチャンスがあったほうがよいのです。そして、親も社会もそういう方針でいてあげることです。

18歳での受験がすべてだと、大人がみんな思ってしまうのがよくありません。そこで失敗すると、まず親が、自分の子の人生を失敗だと考えてしまうからです。あるいは成功したとしても、親が合格をゴールだと思ってしまうため、子どももそれが終点と感じてしまうのです。

18歳までに自分で勉強法を見つけるのは、難しいという人もいますが、お子さんのタイプによく合う学校を探してみてください。学んでいくプロセスを見ます。たとえば、規則的にコツコツと勉強をしていくプログラムを実践している学校で学んで過ごせば、

＊私のいる日本薬科大学はコツコツ勉強する遅咲きのタイプの人に適した教育プログラムを基本としています。

❖勉強の内容ではなく、勉強の仕方を見る。

＊仕方は、教え込むものではなくて、身につけるものです。それを身につけて知っておくと、そこから先に良い影響を与えます。

その勉強の仕方で定まってきます。それを親が見て、生活習慣に落とし込み、修正していけばよいのです。

　中学生、高校生になると、だんだん夜型になる子が増えてきます。朝の過ごし方が、小学生のときにうまく定着しなかったからかもしれません。

　特に虚証の子の場合は、規則的な生活をして、夜は早く寝て、朝も早く起きる。これを毎日励行することです。これをやらないといろいろな問題が出てきます。

午前中から本人の集中力がないことが問題ですから、それを高めてあげる必要があります。

　集中力を高めてあげることで、解決できることはたくさんあります。だから、うちの子どもたちに、小学生のときは家で教科書を開かせなかったのです。

それでは、中学生、高校生はどうするか。

感情が落ち着くこと。何をすればよいかがわかっていること。

まず、基本はこういうところからではないでしょうか。

POINT

◎コツコツか、集中か。タイプによって適した学び方が異なる。

◎東大・京大などに現役で合格するのは、無理がきいて一時的な「ため」がきく実証の子が多い。（ただし、教育方法が本人に合っている場合は、虚証、中庸でも合格できる）

◎人生には何度がチャンスがあったほうがよい。親もその方針で。

◎合った勉強法を見つけること。合った学校を探すこと。

◎気持ちが落ち着き、何をすればよいかがわかること。

脳を満たす時間を作る。一週間のメリハリと毎日のサイクル作り。

学習の習慣を、生活習慣に落とし込むには、生活のリズムを作ることです。それが家庭での実践のカギです。

だから、一週間でどうメリハリ、波をつけるのか。一日をどのようなサイクルで過ごすのか。それを組み合わせます。

食事の内容は、体質によって合うものが変わってきますが、まず、子どものうちに大切なことは、食事のリズムです。

規則的に食べる時間を設けて、それをしっかり続ける。

❖困ったことが起きてからあわてるのではなく、生活習慣を大切に。

＊子どもがキレる、集中しない、コミュニケーションがうまくいかないなど、いわゆるお悩み相談は、各論的な話が多くなりがちです。けれども、大事なのは総論的なことです。

＊西洋の医学は、病気やケガなどへの対症療法が主ですが、漢方は、それぞれの体質を見て、体の調子を整えて、未病から、健康へと戻していきます。それと似ているかもしれません。

❖**朝食は大事。**

＊親の都合もあるのでしょうが、朝食抜きはさまざまな問題が指摘されています。近年は、学校で朝ごはんを提供するところもあります。朝の給食をしたら、成績も上がったそうです。

そして、寝る時間を守らせる。

起きる時間を守らせるよりも、寝る時間を一定にします。そうすれば、起きるのは自然に起きます。それを小さいうち、若いうちに習慣化しておくといいでしょう。目覚ましで無理にレム睡眠の手前で起きてしまうと、アタマがぼうっとしてしまい、その後の集中力に問題がでてきます。

虚証の人は、食事の時間から寝る時間まで、ゆとりをもたせてください。胃腸が弱いですから、消化するまでに時間がかかります。寝るまでには胃を空にしておいたほうがいいですね。

実証の人は胃が丈夫ですから、寝る少し前に食べても大丈夫な人もいます。それも健康に良いわけではないのですが。

朝ごはんは、昼間に頭脳活動をする人には必要です。

朝ごはんを食べないで学校に行く子もいますが、勉強のための集中力には、よい影響を与えません。

食事の土台は、おいしい料理で、楽しく食事をすること。満たされる時間があることが、子どもにとってすごく大事です。脳が満たされると、あまりキレない子どもになります。

おいしい、楽しい食事で脳を満たす。おなかを満たすのではなく、脳を満たすのです。

食事をすると、脳を動かす原料である糖分が入ってきます。ただ甘いとかではなくて、それが質のいい糖分である必要があります。砂糖や果糖は瞬間的に血糖値を上げますが持続性がありません。良質な炭水化物は消化に手間どりますが、持続的、安定的に血糖値を保ちます。脳を満たすというのはバランスのとれた質のいい糖分を安定的にとることです。そうすると感情的に落ち着くわけです。

感情が落ち着けば、キレるとか、グレるとかは、なくなってきます。その習慣を続けてあげればよいのです。

❖手軽なものより、ゆっくり食べるものを。

＊砂糖やお菓子、甘い菓子パンなどで糖分を摂取すると、急に血糖値が上がり、かえって体内で血糖値を下げる働きが出てきたり、依存が生じたりしてしまうこともあります。

ふつうの食事で、ゆっくりいただくことです。それが、体内で分解する手間をかけさせることになります。

❖週に一度は、時間をかけて、ゆっくりとおいしいものを。

＊週に1回でも2回でも、家族で食事を楽しみ、家庭料理を食べて味わって、「あぁ、うちのごはんだ」と感じることが大事です。食べるものはなんでもよいのです。

＊昔は、住み込みで朝から晩まで働き、盆暮れ正月休みの帰省を楽しみにしていた人もいます。郷里に帰っておいしいものを食べると、普段の苦労も労《ねぎら》われたのでしょう。

毎食おいしくて、毎食楽しければ、それが理想です。しかし、それを毎日続けると栄養過多になってしまいますから、ときどきでもいいですし、週1回でも、満足することが大事です。

いまの時代なら、週に1回は楽しくおいしく満たされる食事の機会があり、さらに、半年に1回、それよりいい「ハレの機会」があるとよいでしょう。休みを作って旅行に行くとか。そこでおいしいものを食べると、また違うわけです。

おいしく楽しく満たされる食事をゆったりと食べられるよう、ゆっくりと時間をかける。そういうことを積み重ねていくと、これは困った、というようなことは減っていくと思います。

POINT

◎学習習慣は、生活習慣、リズムの上に成り立つ。
◎食事のリズム、寝る時間、脳を満たす食事が大事。
◎週に1回。半年に1回。家族でゆっくりと食事を楽しむ。

学校選びは、家庭の方針と合うところを選ぶ。少子化の時代、子どもどうしの関係も貴重。

子どもの可能性を広げるために、学校選びは大事です。情報集めも、下見も、親の仕事です。

うちは、小学校は地域の公立校。選んだのは、中学からです。まず、イギリス大使館に問い合わせをしました。ロンドンの周辺で、寮つきの、外国人も入寮できる中学校はありますかと聞いたら、15校くらい推薦してくれました。

それで、ヒースローの空港にも近いほうが便利だろうと思って、ヒースローとロンドンの中間にあるパーセル・スクールに、夫婦

❖学校選びでは、実際に下見をする。

＊イギリス最古の音楽学校で、学業や人間教育も重視していました。レンガづくりの重厚な建物で、寮もしっかりしていました。ここで勉強できたら、それもよかったでしょう。

＊ただ、唯一の問題点は、

で見学に行きました。とてもよい学校でした。

森の中にあって環境もよく、先生方も熱心で、生徒も伸び伸びと過ごしていました。学校生活についてのレクチャーも受けて、そこにしようかと9割方決めていました。

その後、日本にも全寮制の学校があるとわかり、妻が案内を手に入れてきました。埼玉県の川越にある秀明学園というところでした。その役員名簿に、尊敬する大学の先輩の名前がありました。早速、電話で情報収集です。

そうしたら先輩が、「ぜひとも入れろ。絶対いいぞ」と。学生時代から信頼している医師の先輩ですから間違いはないと思ったのですが、本当かどうか確かめに、ちょうど学園祭があるというので親子で行きました。長男が小学5年生のときです。

長男は、それまでイギリスに行くつもりでいたのですが、おもしろそうだし楽しそうだと。日本にもこんな学校があるんだと、冬休み、春休み、夏休み、寮にいられないことでした。年3回、飛行機で帰ってくるのは、子どもに負担かなと、ためらっていたのです。

❖パンフレットの情報だけでなく、実際の話を聞く。

＊「全寮制の学校を探していたら、川越の秀明学園のパンフレットに、先生の名前があったので」と電話で先輩に聞きましたら「息子をそこに入れてるんだよ」と。「それで、どうなんでしょうか」と率直な意見が聞けたのです。

＊川越市の笠幡にありましたから、都内の自宅から電車で2時間程度。もちろん飛行機を使うこともありませんし、妻はイギリスに行かせるつもりで寂しがっていましたから、親としても安心でした。

❖塾に行かせないのが、うちの方針。
＊うちは学習塾に行かせていませんでした。逆に「受験させないのですか」と聞かれました。そのつもりもなかったのです。

すっかり気に入ったようでした。

　しかも、イギリス式の英語教育をやっているということで、イギリスへ行くのと目的があまり変わらないと思ったのです。

　当時、その学園祭のときに入試の相談をしました。

　そうしたら、ドリルを渡されて、「このドリルをちゃんとやってくれたら、添削します。ほかの学習塾には行かなくて結構です。そのドリルをやりきったら、十分合格できます」といわれたのです。ある意味、無試験でした。

「学習塾へ行かせなくていい」といわれましたが、もともと「行かせたくなかった」のですから、ちょうどうちの方針にぴったりでした。この時点で、ほぼ決まってしまったわけです。

　長男が入学した当時は男子校でしたが、運がよいことに、うちの娘が入る少し前に共学になりました。

　娘は、おにいちゃんが喜んで寮生活しているのを見ていたので、何のためらいもなく、自分も行くものだと思っていたようです。ですから、共学になって助かりました。それで、うちの子どもたちはみな、受験で消耗せずに済んだのです。

学校として、秀明学園を選んだ大きな理由は家庭の方針と合っていたことです。塾に行かず、勉強は学校で完結するというのがぴったりでした。

学校でやって、塾でやってとなると、結局重なるところが出てきてムダが多くなります。しかも、それでも足りないところが出てくるのが大学受験です。大学受験のための指導や補習も学校がしてくれるところを選べば、塾への費用がかかりません。

また、イギリスまで含め、全寮制の学校を探したのも理由があります。日本で全寮制の学校は少ないのですが、将来的には選択肢のひとつとして一般的になるでしょう。

世界的に見ても、いい教育をしている国には全寮制教育があり

❖毎週末には家に帰ってくる寮生活。

＊全寮制でしたが、秀明学園は金曜の夜に帰宅し、月曜の朝に登校するというサイクルでした。家族もそれに慣れていましたし、ちょうどよいタイミングでした。

私は女子部もできたといっただけで、選んだのは娘たちです。

＊学費については寮費のぶん高くなりますが、高い月謝の塾に入れるよりは、安くなるという計算がありました。

❖**世界的に、全寮制教育は認められている。**

＊イギリスのパブリックスクールが有名ですが、日本でも旧制中学、旧制高校は全寮制でした。
若い時期に、いろいろな考え方をする人たちと共同生活をすることが大事です。

＊年齢の上下があると、どうしてもボスが出てきてしまう。だから、同年齢で競わせたり協力させたりするのだそうです。この点で、

ます。これまで会った人のことを考えても、全寮制の学校を卒業した人は、接していて、ちょっと違う感じがしていました。

まず、友だちとの連帯感が違います。いろいろな進路に行く人が一緒に生活していて、コミュニケーション能力が上がるほか、世の中を広く見たり、人間を広く見たりすることができます。

広い視野のうえで集団生活をして、本当の意味で切磋琢磨することは、全寮制でないとできないだろうと思っていました。

ただ、子どもたちが過ごした秀明学園の寮には、珍しい方針がありました。一般的な寮には、先輩・後輩という秩序、上下関係がありますが、あえて先輩と後輩の距離や、生活上のかかわりが密になりすぎないよう、近づきすぎないようになっていたのです。

1つのフロアに、ほかの学年は入れず、同じ学年だけにするというのです。上級生が下級生をこき使ったりしごいたり、いじめも出てきたりすると、それはよくないですから。ユニークに思い

秀明学園はほかの学校と少し違うかもしれません。ほかでは上級生が下級生を指導するところも多いでしょうから。

＊寮内でいじめはなかったと聞いていますが、ケンカはあったようです。寮生どうしで。でも、それも中学生まで。高校生になったらしなくなります。何かあれば寮から親に電話がありますから、そういうことは把握していました。

ましたが、納得できるきまりでした。

少子高齢化で、子どもの数が減り、ひとりっ子の割合が増えています。きょうだいで育ち、もまれるといった、子どもどうしでのコミュニケーションの機会が昔よりも少ないのです。

全寮制という環境は、子どもどうしで関わる機会を作るという意味でも、とてもよかったと思っています。

POINT

◎**学校選びは親の仕事。判断は、家庭の方針と重ねる。**
◎**子どもと見学に行くことにも意味がある。**
◎**全寮制教育ならではの連帯感と広い視野は、国際的に共通。**
◎**一人っ子の割合が増えているいま、子どもどうしでの近い距離でのコミュニケーション機会がある環境は、貴重な場。**

学校選びも、家庭の方針がベース。学校の個性をトータルで見て探す。

学校の選び方は、家庭の方針に合うところを選べばよいと思います。しかし、家庭の方針がはっきりとない場合、何を基準にしたらよいのか、迷ってしまうことでしょう。

トップ、先生、生徒、規則、コミュニケーション、環境といったところを見ていくと、学校の個性が見えてくると思います。

大学の学長をしているからかもしれませんが、その学校のトップが明確なコンセプトや考え方を打ち出していることは重要です。長い目で見ると、さまざまなことに効いてくるのです。

❖全寮制を選ぶかどうかは、家庭の方針。

＊全寮制は、教育上はよいと思うのですが、問題は、おかあさんが子どもを手放したがらないことです。親が子離れできるかどうか。できるなら、おすすめできます。

❖トップのコンセプトによる、マネジメント。

＊企業、学校、家庭、部活、ありとあらゆる組織にマネジメントは存在します。方針や、中心、柱となるものがあるとよいでしょう。

＊日本薬科大学では「個性の伸展」と「惻隠（そくいん）の心をもつ医療人」を教育方針としています。

＊学校の運営がしっかりしていると、それぞれの先生の人間性や持ち味も安定して発揮されるでしょう。

考え方という土台がなければ、立派なプログラムを導入しても一貫性や継続性がなく、人気とりに終わるかもしれません。

コンセプトがしっかりと現場の先生方にも浸透していることも必要です。

これは、会社に置き換えて考えると、現場の最前線で働く人が、経営理念や自社の強みも弱みも理解し、共通の土台をもって、日々の業務を推進できるということです。

しっかりした人事をしている学校もいいですね。

そのひとつとして、トップやリーダー、責任者が、教育の現場に定期的に出ている学校はいいと思います。報告を待っているだけではなく、向き合うこと、じかに見ることが大事です。

親としても、そういうことを聞いていたほうが安心ですよね。

先生が良いことも当然の条件ですが、これに関しては、いろいろなタイプの方がいることを許容しましょう。

いつの時代も、子どもどうしで、あの先生がどうであるとか、合う合わないを話すことはあるものです。

親がそれに口をはさんで良い悪いをいうと、こじれます。

ですから、親として大人として先生方の話が聞けて、話し合う機会を大事にしてくれる学校は、よい学校ではないでしょうか。

私は、父母会に皆勤で出席しました。三者面談もです。

そして、自分の体験からいえば、興味をもって授業を楽しみにしている生徒がいれば、先生も育ちます。

たとえ、専門が歴史で、英語を教えていたって、いい先生は、いい先生です。私にはとてもよい影響があったわけです。

親として、いい先生を見つける方法になるかはわかりませんが自ら興味をもって学ぶ姿勢が生徒にあれば、かつての私がそうであったように、自然に導かれていい先生に出会える機会も増えるのかもしれません。

❖先生と、子どものことを話す機会をもつ。

＊報告や連絡、困ったときの相談だけでなく、大人として対話ができることが大事です。何ごともなければ、何も問題はないですね、と一緒に確認するのです。

＊教育には長期の視点が大切ですし、生徒だけでなく先生も時間をかけて育つものです。

❖厳しいと感じても、適応できればいい。

＊ルールの厳しさも、その内容が肝心です。環境的に言葉が通じないといった厳しさとは別です。難しいことをするように押しつけられたり、無理じいされたりするのでなければ、あとは適応力です。

生徒は、合いそうかどうか子どもに見させればいいでしょう。肌で感じることがあるはずです。押しつけや、無理じいはせず、子どもの声を聞くだけです。

規則も、親の目線で考えすぎないことです。個人差もありますが、大人と子どもの感じ方そのものが違うからです。

たとえば、携帯電話、ゲーム、テレビなどは、うちの子の学校では寮に持ち込めませんでした。しかし、中学から入るなら、一番適応力のある時期です。

先日、娘に秀明学園のときの寮生活を振り返ってもらったのですが、規則は厳しいほうだったと思うけれども、寮ならではの良さもあり、得たものも多く、充実していたといっていました。

中にいると適応できてしまうのに、ほかの中学や高校と比べてしまうのは大人です。大人のほうが厳しいと感じてしまうから、口を出してしまいます。男の子も女の子も、中学生くらいなら柔軟さもあるので、大丈夫です。

ただ、集団生活に適応することには、それなりのエネルギーを割くことになります。

そのため、全寮制では反抗期のない子も少なくありません。

もっとも、最近は反抗期のない仲良し親子も多いのです。子どもの反抗期をわざわざ経験したい方は、あまりいないでしょう。

うちの場合も、3人とも反抗期はなかったです。

子どもなりに寮で気を遣っていたのでしょう。そこで生産的な方向にエネルギーが使われたのだと思います。友だちとのコミュニケーションというのは、エネルギーを使います。

個人差もありますが、寮に入っていなければ、反抗とか、非生産的な方向にエネルギーが使われる可能性もあったでしょう。

寮生活は、そういう意味でも非常によかったと思います。

❖小学生のときから、家と学校以外の場所で過ごす経験をさせておく。

うちの子たちは、中学からいきなり家の外に出たわけではなく小学生のときからいろいろな習いごとをして、親以外の大人や、さまざまな子どもたちと接していました。そうした経験も、振り返ってみると、相乗効果があったのかもしれません。

成長期の寮生活で、生産的な方向にうまくエネルギーを使えたことや、その後も友人関係が充実していることは、これからどのような道を歩むとしても、大きな意味があるでしょう。

親子関係を心配される方もいるかもしれませんが、寮に入ったからといって、関係が悪くなることはありませんでした。

金曜が帰宅日。月曜に学校に行く。これが習慣化しました。

親と子の距離がいつも近いわけではないので、それがかえってよかったのかもわかりません。

家は出ても、女の子ふたりは同じ寮でした。

❖自分自身と他者との同じところや違うところを認識して、アイデンティティが育まれる。

＊同じ年齢の集団で過ごすことは、社会的訓練だけではなく、自分と他者との相違点に気づかせ、成長を促し、豊かな個性を育むことにつながります。

ただ座って、黒板や先生だけを見て、受け身で授業を受けているだけでは、そのような深い交流は生まれません。

顔も、親から見ると全然違う別々の顔をしているように見えますが、大勢のところにいると、ふたりの娘は双子に見えたらしいです。寮母さんも間違えることがあったほどです。友だちも間違えたそうです。しかし、部屋が違いますから、いつも一緒ということではなく、ふたりは間違われるのを楽しんでいました。

周囲の生徒たちとコミュニケーションが自然に発生して、それまでとは違う環境で、きょうだいが互いに「自分と同じところもあるけれど違うところもある」「違うけれど似ているところや同じところもある」と行ったり来たりしたこともアイデンティティの形成に役立ち、個性を育むことにつながったのでしょう。

週末に、ちょうどよい親子の距離を見つけることができたのも自立によかったと思います。学校や寮で、日常的に子どもどうしのコミュニケーション機会があったことも、秀明学園の全寮制のメリットだったといえます。

＊どのような組織にもなじめない人は、一定の確率でいると思います。学校にも統計があると思いますが、5%くらいは、集団生活になじめない人もいるのでは。1年のうちにやめて転校する人もいるでしょう。きちんとした学校は、そうした数字も情報公開していますし、聞けば教えてくれるものです。

＊娘がいうには、中学でクラスに1人くらいの割合だったそうです。

なかには、寮生活にうまく適応できない子どももいるとは思います。95%の人にとってよかったとしても、5%は、それまでの親や周囲とのかかわり方で何かあったのかもしれませんし、実際の原因は会ってみないとわからないです。ただ、体質が原因で身体が弱いからなじめないとかではないと思います。

POINT

◎いい学校は、トップのコンセプトと現場への責任感でみる。

◎中学生くらいは、規則でも柔軟性や適応力を引き出せる。

◎エネルギーが生産的な方向に使われれば、反抗期による自立ではなく、コミュニケーションや、個の自立に向いていく。

◎寮は、個の成長や、コミュニケーションの機会に効果的。

どんなクラブでもよいので、部活などに参加させる。

学校教育に期待することの1つは、クラブ活動、部活です。

息子はバドミントン、娘たちはブラスバンド。一番下の娘は、部長までやりました。好きだったのでしょう。

中学・高校全員あわせると部員が80人を超えますし、それを統率しないといけませんから、ブラバンの部長の仕事の大きな部分は、演奏もさることながら、部員の悩みを聞くことになるわけです。部長の仕事は大変だったみたいです。

寮生活でしたから、夕方や夜、寮で相談に来た人の悩みを聞か

❖部活動も学びの場。

＊絶対にどこかの部活に入るようにとはいいました。部長もいい経験になったでしょう。

＊ブラバンで、いままで予選敗退だったのが、予選を通って地方大会に行けるようになると、学校の友だち

がみんな大喜びするわけです。涙を流して喜んでいるのを見ると、本当に貴重な経験ができたんだと思いました。ブラバン命になってしまうのも理解できます。

❖真ん中の子は少し難しいことも。

＊上の子と3番めの子は、特に友人関係などは問題なかったと思いますが、真ん中がちょっと難しかったですね。

うちだけでなく、そういう家庭も少なくないのではないでしょうか。

なくてはなりません。「部長ってのはカウンセラーだよ。自分のことなんかやってるヒマないよ」といってました。

そのときしかできない貴重な勉強になったと思います。

部活についてユニークな出来事もありました。部活をやめるときの学校の対応が、私の想像とはだいぶ違っていたことです。

娘はふたりともブラバンでしたが、真ん中の子は高校生になったときにやめました。ピアノとバイオリンをやっていて、ブラバンではパーカッションでした。結構上手でしたが、人間関係でやめたようです。私の感じではもうちょっと続けたほうがよいのではと思ったのですが、本人がやりたくないと。

そうして部活をやめるときの学校の対応が、想像外でした。

学校の先生でしたら、せっかくだから何とか続けましょうとか、そういう指導をするのだろうと思っていたのです。

＊学園祭で演奏を聞き、顧問の先生が熱心に教えてくださっていたのが伝わってきました。

そうして熱心に指導してくれるけれども、やめるときは、いじめなどにつながらないよう配慮してくれたわけです。

❖多様性のある環境ではいじめが起きにくい。

＊いじめのように、人を差別する人は、そういう人がおかしいという認識でいました。そういう人とはつき

ところが先生に相談したら、すぐにやめさせてくれました。

迷っているのであればアドバイスをするそうですが、やめると決めたのであれば、特に引き留めない。やめることを、とやかくいわない。興味があれば、クラブもどんどんいろんなところに入りなさい。ほかに何かやりたいことがあるなら、またどうぞやってくださいということでした。

クラブをやめる理由の1つに人間関係がありますが、その場合に無理にとどまらせないという指導です。

私のころは、1つのところでやり遂げなさいと教わっていたから、新鮮な驚きがありました。それが非常によかったです。

人間関係に関連して、いじめにもふれておきます。

中学・高校で子どもたちへのいじめはまったくなかったです。

国籍は日本ですが、韓国名を使っていることを少し心配してい

あわなければいいと思っています。

＊娘は、生徒どうしの間でいじめにつながるようなことはなかったと話していました。

＊その後、秀明学園の方にお聞きしましたら、当時もその後も含め、人種や民族のことが問題になったことは一度もないそうです。

たので、入学前、不都合があるか尋ねたところ、「前にも何人も入っていますし、特に問題もなかったです」とのこと。それでも、親としては、実際にどうなのか心配になります。

入学後、子どもにそれとなくときどき聞きましたが、そういう意味で不愉快な思いをしたことすらなかったそうです。

そうした人間関係への配慮もあり、多様性を自然に受けとめられる生徒たちに囲まれて学生生活を送れたという意味でも、秀明学園という学校選びには間違いがなかったと安心しました。

POINT

◎課外活動、部活動などは貴重。人生の勉強になる。
◎人間関係を大切にしつつ、柔軟な姿勢で理解する。
◎いじめについて、それとなく気にかける。

寮の食事について、実際のところは？

子どもたちに聞くと、寮の食事は、野菜も肉も魚も、日によっていろいろな献立が出るといっていました。朝はバイキングで、好きなものを好きなだけ食べられるのがいいと。

近ごろ世間では、朝ごはんを食べない子どもたちが少なくないそうですが、朝から、食べたいものだけ食べられるバイキングって、いいですね。うらやましいです。決まった時間に出てくるのも、寮生活のいいところです。

中学生当時、実際のところどうだったのか、次女に聞いてみました。

「中学生のときから、朝のバイキングは、ちゃんと食べる分だけ取るようにしていました。**栄養のバランスまでは、正直、それほど考えていなかったです。**食べたいものを食べていましたが、せっかく食堂の人が作ってくれた**食べものを残すのはイヤだった**ので、自然に、取る量に気をつけるようになったのだと思います」

クラリネットを吹いていたし、育ちざかりで、エネルギーも使っていたのでしょう。

「吹奏楽部で朝練もあったので、しっかり食べてました。**あのころは、食べても太らな**

かったですし。バイキングは朝だけで、昼と夜は決まったものを食べますが、味はどれもおいしかったです。当時、楽しみにしていたのは、サプライズでのステーキの日や、月に一度のケーキでした。お誕生日会のイベントで全員で食べるんです」

そうした特別な日を設けて、メリハリがつくよう学校も工夫していたのでしょう。

朝食バイキング

ある日の献立（昼）
カツサンドとポトフ、フルーツジュレ

次女が語る、勉強や寮生活の話。

●いまだから、話せること●

小学校の前半で、将来の目標が決まっていたわけですが、アトリエ（お絵かき教室）には年上の人たちがいたので、お医者さんになるという話は普通にしていました。

秀明学園では、同じように医学部、あるいは歯学部、薬学部をめざす人も結構いて、自分だけが進路を早くから決めていたという感じでもなかったです。

ただ、**早くに決めたからといって、早くから勉強ができたわけではないんです。**高3のときマンツーマンで教えてくれた秀明の先生のおかげで、ようやく勉強がわかるようになっておもしろくなってきました（もちろんそれまでも勉強はしていたのですが）。

時間はかかりましたが、学ぶ基礎ができたのだと思います。大学に入ってから、勉強の内容も捉え方も変わりました。勉強が大変なときもありましたが、無事に卒業しました。これからアメリカの医大（メイヨークリニック）に留学するのですが、勉強を続けていく気持ちが自然にできてきました。**いまは、人生ずっと勉強だと思っています。**

秀明の寮生活！　それはもう、いろいろなタイプの子がいました。**「動物園みたい」**だというと誤解されそうですが、ほんとうにみんな違ったタイプだったので、ほかにたとえが見つかりません。もちろん、よい意味です。

外国からの子もいましたし、私だけ珍しがられるといったこともなく、とにかく楽しかったです。寮は女子同士ですから、オープンでしたし、学習時間以外は、よくみんなでおしゃべりしていました。寮母さん、宿直の先生とも親しくなりました。

同じような医者志望の子とは、話が合いましたし、同じ部屋の人は医者志望ではなかったのですが、なかよくしていました。卒業してから振り返ると、濃密ないい時間でした。**みんなと近い距離で親しくつきあっていたのかなと思います。**

先ほど、吹奏楽の部長のころの話も出ましたが、部活はあにき（というあだ名の友人）とまとめていました。「あにきが注意したり怒ったりしても、私はそうしないで受けとめて癒やす側に回るから」などと**役割分担を決めていたんです。**あにきに叱られた後輩が私のところに相談に来るので、話を聞くわけです。そうやってバランスをとっていました。こうした経験は当時しかできませんし、貴重だったといまでも思います。

語学は環境が大事だが、個人差もあり、長い目で見ることも必要。

学校で、語学の授業や行事が充実しているなら、まずはそれを活かすために、真剣に取り組んでもらうことです。

うちの子の学校にはイギリス人の先生がいて、授業では英国式の英語を習いましたし、イギリスでの研修もありました。そういう学校行事をまじめにこなすだけでも、十分だと思います。

英国語学研修は中学で2週間、高校で3週間ありました。

習得の速さも人によって違うでしょうから、中学、高校と両方で、生きた外国語にふれる機会があるのはよかったです。

❖授業や、行事にはまじめに取り組ませる。

*全寮制でも、土日は家に帰ってきますから、そこが空いているわけです。学校の勉強は学校でしてきますから、家に帰ってきたらほかのことをするというのが、わが家の方針です。

語学の能力には個人差があります。

長男は、語学に適性があって、中学・高校で完全に英語はものになりました。高1で英検準1級というレベルです。ネイティブまではいかないけれど、普通に話せます。社会生活で困らない程度の英語力が身につきましたから、海外に留学するのと、あまり変わらなかったのではと思いました。

娘たちは、ヒアリングはできるようになりましたが、学生当時は、それほどしゃべるのはうまくなかったように思いました。才能はあると思います。あとから伸びたのかもしれません。

長男は語学の才能がありそうでしたので、中学1年のときに、英語でフランス語を教えてくれるベルギー人の先生を見つけて、フランス語を習わせはじめました。

その先生は定期的には来られなかったので、せっかくだから、

＊バイオリンも続けていましたが、フランス語を学びに、フランス語の学校であるアテネ・フランセに行くことにしたのです。

＊フランス語をこれから勉強したい子どもに、フランス語の試験をするなんて！　私は疑問をもちましたが、長男は素直に試験を受けました。

＊もし高校生のクラスに行ったとしても、ただのライバルとして扱われてしまったでしょう。

系統的に勉強したほうがいいだろうと、アテネ・フランセに連れて行ったのが中学1年の終わりくらいでした。

ところが当時、アテネ・フランセは中学生に入学資格がなく、入学は高校生からでした。長男はまだ中学生ですが、ここは大学ではないのですから、入れてくださいとお願いしました。その結果、どうしてもというならと、試験をすることになりました。

すでにベルギーの先生に、英語でフランス語を教えてもらっていたこともあり、そこそこの点数がとれた長男は、無事に試験に合格し、アテネ・フランセから、これだけできるなら社会人クラスに入るようにといわれました。

そうした経緯で、中学生なのに社会人クラスに入った長男は、学校とはまったく別の環境で、楽しくレッスンに通いました。

中学生だから、大人からはかわいがられたのでしょう。

中学・高校時代に週末通ったので、フランス語もものになりました。

＊音楽には、こういう力もあるのですね。とてもよい経験だったと思います。

それ以降、毎年夏、長男はベルギーに行かせました。知り合いのところにホームステイして、フランス語の勉強です。

その間、宿題は何もしませんでした。

バイオリンを持っていって、向こうで練習をしていました。

最初ベルギーに行ったときは、まだフランス語が十分に話せませんでした。しかし、しゃべれなくてもバイオリンを弾いたら、みんなが友だちになってくれたというのです。自分のバイオリンを再発見して、音楽ってこういう力があると実感したそうです。行くまでは不安。でも、行ったらみんな友だちになってくれた。バイオリンをやっていてよかったと思ったのでしょう。長男は次の年もバイオリンを忘れずに持って行きました。こういう体験ができたことは大きな収穫でした。

ただ、語学の教育については、親として反省もあります。

男の子は、いろいろ冒険させられるのですが、女の子の場合、ステイ先の人がどんな人かわからないのも心配でした。それで、自分の知り合いのところに、娘たちが小学校4年と5年のときに1ヵ月間イギリスにホームステイをさせました。

しかし、ふたり一緒に行ったためか、あまり勉強にはならなかったようでした。年子の難しさですが、片方だけというわけにもいきません。成果としては、反省が残りました。

ただ、考え方を変えて長い目で見ると、よいこともあったようです。娘たちは、自分たちで外国旅行をするようになりました。

大学に入ってから、ふたりで行くくせがついたようです。自分たちで行き先を決めるのも楽しいのかもしれません。

長女は立教大学に入って、ボランティアのプログラムに参加していました。アルバイトをして旅費と滞在費を貯め、無償でフィリピンに行って、山に木を植えるプログラムです。

*長男は小3からホームステイさせましたが、娘たちも小3からというのは親として心配で、できませんでした。かわいい子には旅をさせよと、心を鬼にしなければならなかったのかもしれませんが。

*長男は、東大を出て修士課程に入ってから、パリに1年間留学していました。パリに住んでいる間、娘たちは、そこに遊びに行っていました。

❖あとから能力や適性が出てくることもある。

＊次女は、語学はあまり得意ではなかったようですが、長女は、実はセンスがあったようだと後で気づきました。親として申し訳なかったです。

学生はお金がありませんから、フィリピンの村の人たちの家にホームステイします。そうするうちに長女は、結構、タガログ語で日常会話ができるようになっていたのです。

それなら英語も、もう少しやっておけば、もっと話せるようになったのではないかと。親として悪いことをしたかなと思いました。この子の才能をもう少し花開かせてあげるべきだったと責任を感じました。

長女は、いま弁護士をしていますが、タガログ語が話せる弁護士は珍しいそうです。フィリピンから来た方の弁護に役立つこともあるでしょう。

POINT

◎語学は、適性を見て伸ばすか、環境や機会で伸ばしていくか。
◎語学にはさまざまなきっかけや、思いもしない可能性がある。

❖好きなことに集中できるのは、よいことだと考える。

中学生・高校生は、子どもと大人の中間。大人の扱いをして、子どもとしてケアをする。

子どもの見まもり方にも、方針をもちましょう。

理由があるなら、親は躊躇（ちゅうちょ）せずに叱ってよいのです。そのほうが、子どもはなぜ叱られたのかを自分で考えます。

親が子ども時代を過ごしたころとは社会も環境も大きく異なりますから、それでとまどうこともあるかと思います。

たとえば、好きなことばかりしていて、すべきことをしていないように見える。興味のあることしかしない、ネットの動画ばかり見ている。勉強しているように見えない、など……。

＊夢中になり、親のいうことを聞かないこともあるかもしれませんが、夢中になることがあるのは、よいことと考えましょう。

＊興味があることはやるけれども、興味がないことはやらない。人間は、みんなそうです。

＊そのうえで、いかに必要なことに、興味や意味を見出せるか。あるいは、あまり深く考えこまずに素直にさっとできてしまうならばよいでしょう。

親の悩みは、どんな世の中でも、つきることはないでしょう。

何をしてはいけない、何だったらよい、ということではなく、仮にオタクになったとしても、自分だけでやれることでしたら、とことんやらせてみてよいかと思います。

相手がいるのであれば、一日じゅう将棋をさしていても、もちろんよいのです。

親として、よく見ておくべきことは、人に迷惑をかけていないかどうかです。相手や周囲、自分に悪影響を及ぼすことは、してはいけないと、はっきりさせましょう。

たとえば、アニメやコミックの本がたくさんあっても、それ自体は特に問題ではありません。ただ、好きなあまり、お金を払わずに持ってきてしまったとか、不法な手段で手に入れているとか人から取りあげたとか、それでは困るわけです。

おこづかいの範囲であるとか、そういう善悪の判断がきちんとできているのでしたら、やいのやいのいわないほうがいいでしょう。むしろ、親のほうも、その話題にとけこんで楽しむくらいでもいいかと思います。懐に飛び込むことです。

週末と、平日、それぞれ何を根底に置いているか、メリハリや変化はあってよいのです。

中学生や高校生が難しい時期といわれるのは、本人たちは大人だと、子どもではないと、自立していると思ってるけれども、はたから見ていると子どもだということです。

子どもと大人の中間です。

扱いとしては大人の扱いをしてあげるけれど、ケアをする親や大人の気持ちとしては、子どもとして見守ったり支援したりしてあげなければいけないのです。

❖子どもの「根拠のない自信」への接し方。

＊逆に、虚証のタイプの子が、いままでしたこともな

いことを、「やればできる」と思っていることもあります。


生活上、必要なものを不足なく与えられ、好みのものを取捨選択しているだけですと、他者との生産的なコミュニケーションの機会が少なく、自分の内側だけで物事を完結したがる傾向が強くなります。

それが行きすぎた自負になると、外の世界のほうが間違っていると思ってしまうこともあります。


1章で、やりすぎないように見まもることが、小学生のときの実証のタイプの子では大切だといいましたが、中学生・高校生になると、やったこともないのに、やればできるという根拠のない自信をもつ子どももいます。

大人の目から見ると不安になるかもしれませんが、根拠のない自信は、特に実証の子に見られます。実証の子は自信がエネルギーになりますし、あっていいと思います。

親から見ると、努力していないように見えるでしょうし、実際、努力していることも、努力していないこともあると思いますが、自信を持つこと自体は肯定しましょう。

ただし、その自信が他人を傷つけることがあってはいけないということを見ていきます。

逆に、自信がなさすぎて、劣等感で自分を傷つけることがあってもいけません。

能力の評価が必要でしたら、実践の機会を作り、プロや専門家に委ねます。

基本的に、家族は見まもることです。

子どものことで困ったと思ったとき、親は経験や各論的なところで対処しようと考えがちですが、子どもの土台のところに何があるのかをよく見ましょう。総論的なところが大事です。

何かあると、親はびっくりしてしまうものです。親としては、問題発言や問題行動が出てきたとき、過敏に反応するのではなく、その子のことを少し離れて見てあげてほしいものです。

おいしいものを見つけてきたり、ゆったり食事をしたりして、話を聞いてみる。コミュニケーションも兼ねて食事しながら聞いてみる。たまに気分転換に外に引っ張り出したりすることです。

子どもの様子がちょっとおかしいと、学校でツラいことでも

❖「できないこと」の見まもり方

＊掃除などを雑にやってしまいがちな子もいますが、スキルが足りないからか、性格からかは、見ていないとわからないことです。

❖たまには外で。

＊リッチなものじゃなくてもいいんです。近所に新しいラーメン屋ができたから

行ってみようとか、一緒にラーメン食べて、うまかったとかまずかったとか、いろんな話をすることです。

＊お説教するために一緒に食べるのではありません。

＊おいしくても、そうでなくても、どちらでも、話ができればいいんです。それが、楽しい、ゆったりした食事です。

あったのではと親は思うものです。

そのツライことを、根掘り葉掘り聞くのではなく、ちょっと一緒においしいものでも食べようと連れ出してあげる。子どもはそれで心が和みますし、おかあさんやおとうさんに相談する気になるかもわかりません。

無理に聞き出すのではなく、コミュニケーションの機会をつくる。それには食事がいいと思います。

POINT

◎親は叱ってよい。人に迷惑をかけていないか気にかけさせる。
◎中学生・高校生が自信や劣等感をもつのは自然なこと。
◎過剰に反応せず離れて見る。無理に聞かず、一緒に食事する。

三者面談は、必須。三人で話せば、一対一とは違う対話になる。

子どもたちが中高生のころ、毎週末は「親」をしていましたが、それ以外でがんばったのは三者面談です。長男、長女、次女と、12年以上、秀明学園に行きました。三者面談は、話す内容より行くことが大事と考えていました。**子どもに、先生と親が自分のことについて話してくれていると思ってもらうためです。**

真剣に、熱心に自分のことを気にかけてくれているということを肌で感じてくれればいい。それで目的は達成します。

❖三者面談は貴重な機会。

＊子どもからすれば、先生と親が自分について話すのを聞くというのは、なかなか興味深いことなのです。たとえ、問題がなくても、です。

＊1対1で向き合って話すのと、3人で話すのは違い

ます。
ほかの2人のやりとりを聞いて、理解する間ができます。よく話を聞いてから、話に入ることもできるので、考えたうえでのコミュニケーションができます。

＊誰かと誰かが何かについて話すのを聞いて、察したり、理解したりしながら、そこに加わることも、コミュニケーション能力なのです。

無理しても行きました。忙しいからという理由で行かなかったら、心配していると口でいったところで子どもは実感しません。しかし、三者面談には必ず行くことにしていれば、伝わります。子どもも親が忙しいことはわかっています。それでも来てくれたと安心すると思ったのです。

忙しいから来られないという親御さんもいましたし、来るとしても母親のほうが圧倒的に多いようでした。父親が来るのはクラスで5分の1くらいでした。

高校生になると、「忙しいだろうから来なくていい」と、何も話すことないからと、子どもたち3人全員からいわれました。

それでも行きました。夫婦で行くこともあれば、私だけで行くこともありました。行けば半日つぶれますが、それが大事です。

秀明学園の側も配慮して、誰が来ているのか、ほかの子たちにわからないように三者面談をしていました。それも大事です。

どこの親が来ていないとか、寮で話題になっても困ります。**親に見放されていない、見守られていると実感してもらいたかったのです。ただ見守っているだけです。**

子どもの代わりに何かやってあげているわけではありません。

子どもとしても何かされたわけではないから、気も軽い。

なんで来るんだよといわれたら、しめたものです。来てくれてありがとうなんていわれたら、キモチがわるいです。

来なくていいっていわれたら「次は行かないかもわからない」と、そういっておきます。今回で最後かもしれないと。

それでまた次回も行くんです。「また来ちゃった」って。

それが、大人のコミュニケーション力です。

父親は、大きくなってきた子どもとなかなか対話が難しいですから、そういうことで会話以上のものがあるわけです。

高校生の息子と、会話をしようとしたことがあります。

＊中学1、2年のころは、来るとうれしそうにニコニコしていましたが、高校生くらいになると迷惑そうな顔になりました。「なんで来たの」「ほかは誰も来てないのに、なんでうちだけおとうさん来るの」「恥ずかしい」って。それでも行きました。

＊何でも、「あ〜」って返ってきました。うちの子の話です。ドナルドダックかって思いましたが、そういうものです。それは親離れなんです。

❖大人になると、だんだんとちょうどよい距離に落ち着く。

＊いま、いちばんひんぱんに話しているのは次女です。医者どうし、仕事が似ているから。ただ、仕事が違うとそうはならないでしょう。そういうものだと思います。

「最近どう？　友だちとはどう？」と聞いても、「あ〜」としか返ってこない。子どもは反射でしゃべってくる。会話なんて成り立たない。親離れです。そこから距離は近づかないと思います。

そうして子どもたちは大人になりましたが、たまに会って話もします。別に仲が悪くなったわけではないのです。

うちは、子どもたちの進路がうまくばらけました。それでも、同じ環境で教育を受けて、共通のことをしていましたから、きょうだいの仲はよいと思います。母親ともひんぱんにやりとりしていますし、家族仲もよいですから、これでよかったのでしょう。

POINT

◎三者面談は先生と親の対話を子どもに見せる機会でもある。
◎子どもの代わりに何かをしてあげるのではなく、見まもる。
◎コミュニケーションと親離れ、自立を経て、適切な距離感に。
◎共通のことや同じ土台があると、きょうだいや家族仲もよい。

自立の準備は、トレーニングとペース作り。そして、巣立っても残る、家族の習慣を。

親離れ、子離れですが、中学から全寮制ですと、小学校卒業で親は仮卒業です。

週末だけ親だから、仮卒業。これがよかったです。

秀明学園の寮では、部屋の掃除から始まって、全部自主的にやるようにしつけられたと子どもから聞きました。自分でできるようにトレーニングしてくれたから、卒業してスムーズにひとり暮らしできました。社会人として自立できるように育ててくれたので、家では週末、まったくふつうの子どもなのに、ひとり暮らし

❖自立のための生活力トレーニング。

＊寮生活ではなくても、家庭でも生活力アップのトレーニングは必要です。少しずつ教えて、できることを増やしてみてはいかがでしょうか。

をしても大丈夫になっていました。

自立にもいろいろありますが、まず、身の回りのことを親にしてもらうのではなく、自分でできるようになることです。

できるようになれば、いわなくてもするようになります。

うちの子は3人とも、何でも自分でできるようになりました。寮生活が自立の準備期間になり、高校卒業までには、身の回りのことがひととおりできるようになったのです。

長男の進学先は東大ですから、東京です。家から通おうと思えば通えるはずでしたが、そうしなかったのは子どもの意思です。

中学・高校と6年間、親元を離れていて、自炊もできるから、心配するなということでしょう。本当の巣立ちです。

寮生活をすると自立が早いのかもしれません。週4~5日と寮にいて、週2~3日、家というのは、巣立つ準備のウォーミングアップとして、ちょうどいい生活ペースだったのでしょう。

＊人と人が仲良くなるには、何をするとよいかという心理的実験では、楽なことをするより、必要とされていることを協力してやるほうがいいそうです。それを家庭に応用するなら、買い物や料理、掃除などを一緒にするのは、よいことです。

＊お互いのことをあれこれいうより、何かを一緒にしたり、何かについて話したりする、その積み重ねが「察し」になります。そうした機会があるとよいでしょう。

❖規則的に時間を決めて行動する。

＊私自身が、わりと規則的に行動していたので、子どもは自然とそれを見ていました。

仕事をするということは、規則的にすることだと、伝わっていたのでしょう。

❖うちには癒し系が必要。

＊子どもたちは、いまでもよく妻に電話してきます。長女は横浜で、次女は栃木でしたが、突然来て、一緒に買い物して、おいしいものを食べて帰っていく。そ

生活ペースづくりの効果が大きかったのは、理由があります。

小学校時代のところで書きましたが、うちの子たちは3人とも体力があまりなかったのです。だから、持続力で勝負するようにしむけなければなりませんでした。

コツコツと行動する。それには、習慣化が役立ちます。時間を決めて、その時間に勉強する。それだけです。

全寮制だからといって、常に緊張させて、競わせて、タフさを鍛えていたわけではないのです。

今日は調子がいいから徹夜してやるとかもなく、だらだらやるとかもなく。コツコツと。規則正しく。仕事も、同じです。

ところが、家庭でおもしろいのは、妻は違うのです。時間にはややルーズで、ボケとツッコミでいえば、ボケ。うちの癒し系。

子どもたちが学校で疲れて帰ってきても、うちの女房の顔を見

うすると明らかに癒やされているのです。

＊家族旅行は国内でも、近場でもいいのです。温泉もいいし、おいしいものを食べてゆっくりとしましょう。どこで何を見せようとかではありません。年に何回とは決めていませんでしたが、学校が休みのときに、そうしていました。出張先に家族を連れ、私だけ仕事ということも……。

て、うちの女房の作ったものや買ったものを食べると、それで癒やされてしまう。疲れがとれているのがわかります。

テンションが落ち着いてくるのです。

子どもは高校生くらいになると、特に父親とはべったりしなくなりますが、どちらかの親とコミュニケーションがあれば大丈夫です。

うちは、おいしいものを食べることと旅行が習慣になっていたので、高校生になっても家族旅行にいやがらずについてきました。旅行に行けば、行った先に何かおいしいものがあります。

リラックスするための気分転換の時間を共有していたのです。

POINT

◎自立の準備も、生活のペースで。コツコツとできる習慣を。
◎家での役割はいろいろ。リラックスや気分転換の共有も大事。

世間の見方も伝えつつ、子どもと約束して自覚を促す。

進路や、受験については、子ども本人だけで決めるのではなく家族で話し合ったほうがよいと思います。

建築家を志望していた息子が、高校3年のときの話です。

「おとうさんは、本当はおまえに医者になってもらいたい」と正直に伝えました。

「おかあさんにとっても、おまえにとっても、建築家になるという夢はかなえてほしい。だけど、医者の息子が名も知れない大学に行って建築家になったら、世間はおまえのことをバカだと思う

＊前から、建築家になりたいと聞いていました。それで、わざと病院建築の本とかを長男に見せていたのです。そういうジャンルがあるので買って何もいわずに渡していました。長男は当時、それをニヤニヤして受け取っていました。

だろうから、社会的に認められなくなる」と。

だから、建築家になりたかったら、現役合格で東大に行くしかない。そうすれば周りは、本当は医学部でもどこでも行けたのに「東大に行った」「そして、建築の道に進んだ」と認めてくれるだろうと。それと、次に約束したのは「浪人したら、次の年から建築関係の学科は受けさせない。現役でなければ医学部」ということでした。

すると、長男からは「そんな約束でいいの？」といわれました。「やめろ」といわれると思っていたようでした。

行くなら行くで、関所を通らないことは許さないよといっただけです。

POINT

◎大人として、世間の見方も伝える。
◎子どもが努力する方向を明確化し、手順をふんで認める。

教養の幅が必要な理由とは。

受験と教養は関係ない、と考えている方もいるかもわかりませんが、音楽や芸術など、教養的な科目が受験に必要とされていた時代がありました。

私自身の高校受験のとき、当時の都立高校では、入試は9科目でした。音楽や技術・家庭の試験科目もあり、それができないと都立高校に入れなかったのです。当時、私立高校は3教科から5教科でしたから、そこで幅が違っていたのです。

私は家が貧しかったので、音楽教育はいっさい受けていません

＊都立の高校だけでなく、全国各地で公立高校の入試が9科目だった時代があります。

＊譜面が読めないと答えられない。まず、音楽の問題の一番は、譜面が出てくる。この曲名は何ですか。この曲の作曲者は誰ですか。その作曲者は何派ですか。ですから譜面が読めなかったら、全然解けません。それが当時の都立高校の入試でした。

❖10代で一般教養の土台を作る。

＊少なくとも中学から高校に行くときくらい、試験教科に幅をもたせてはどうでしょうか。

それが私の考えです。

でした。高校受験のとき一番苦労したのは音楽です。都立高校に入るためには、そういう一般教養がないと入れない時代でした。だから、昔の都立高校の良さを意識し、学校教育を補うような教育を家庭教育でめざしたのです。

子どもに楽器を習わせ、お絵かき教室や水泳教室に行かせたのも、受験と関係ないことが大事で、それが教養につながっていくというねらいだったのです。

10代の半ばで一般教養があると、それが土台となっていき、いろいろな方面に伸びていきます。伸びる余地、伸びしろができるのです。それが教育の原点だと思っています。

そしていま、文部科学省が発表している新しい学習指導要領を見ると、まさに同じようなことがいわれています。

❖生涯にわたる学ぶ力には、伸びしろが必要。

＊そのためには、教養の幅が必要であり、持続力のある勉強姿勢を磨ける環境や学校がもっと世の中に必要です。

＊都立高校を卒業した人は、われわれの年代はわかります。教養の幅が違うのです。

生涯、学びつづけていく力を身につけるという目標が掲げられています。学校の勉強だけでなく、いろいろな分野について学んでいこうとする姿勢を、どうにかして身につけさせたいというねらいが見えます。

具体的にどうしたら生涯にわたる「学ぶ力」をつけられるかということですが、それには、伸びしろを作ることです。そのためには、教養の幅が土台として必要になります。

それを実践するには、昔の都立高校の受験のような幅広い科目を、小学校、中学校で身につけさせたらいいと思います。

学校でできないなら、補完する場が必要です。家庭でも、地域でもアフタースクールでもよいので、体験の機会があれば、自分の好きな分野や才能を、自分で理解できてくるでしょう。

人生は長いですから、その長い人生を学びつづけるには、自分の側からもエネルギーを出していかなければいけないのです。

それは瞬発力ではなく持続力です。勉強姿勢が全然違います。好きなだけで選ぶと、瞬発力になってしまうこともあります。

趣味や、ライフワーク、あるいは高校や大学を卒業してからも学びたいことを見つける能力や、続けていける力を持つことや、それを認めあえる場所や人、機会を探せることが必要になるでしょう。

大人にも、そういう学校があればよいのですが。

POINT

◎一般教養は土台。学びの伸びる余地、伸びしろになる。
◎生涯にわたる「学ぶ力」は、伸びしろをつくることから。
◎好きで選ぶ瞬発力ではなく、場所や人も含めての持続力を。

＊私の高校時代は、都立高校に行かないと東大には入れないといわれていました。当時、私立高校からはなかなか東大に入れなかったのです。

❖大人になってからも学びたい、学びつづける場所や機会を。

好きな道に進めないと知り、受験を覚悟。

◆丁（てい）の字で振り返る◆

歴史が好きだった私は、中学生くらいのときは、将来大きくなったら歴史で食べていけたらと思っていました。高校の先生になれれば、生徒もいて楽しいだろうと。

自分の将来のイメージとして、歴史の先生というのが固まってきました。

ところが、高校生のときに、うちのオフクロが「おまえ、歴史家になりたいと思ってるのか。それはダメだ。食えない」というのです。

私は在日韓国人で、当時、学校の先生になることができませんでした。そのことを知らなかったのです。

「学校の先生になりたいと思っているのだろうけど、なれないんだよ。無理だよ」と。だから、うちは貧しいから、まず医者になって経済的に安定してから、好きなことをやりなさいと。ちょっと遠回りになるけれど、そういうコースでやりなさいって。

先生になれないなんて考えたこともなく、医者になって遠回りしてというイメージもわからない。それが高校2年くらいのことでした。

それで、受験を本当に自分で覚悟しました。

受験勉強しないといけないのですが、数学が弱かったので巻き返さないといけない。英語や、日本史・世界史といった歴史は全部大丈夫でしたから、あとは数学を挽回すれば何とかなるだろうと思い、それで高校2年のときから数学を集中的に勉強しました。

がっかりして落ち込んでいる場合ではなかったです。そんなことを考えてる時間もありませんでした。

私が通っていた高校は都立富士高校でしたが、同じ学区の都立では西高が最高といわれていて、富士高校は三番手くらいの高校でした。受験校ではなく、落ちこぼれ校でもない。ごく普通の高校でした。

もし、ここから現役で医学部に入ろうと思ったら、校内でトップテンに入ってないといけない。そういう学校だったので、何とかしてトップテンに入るにはどうしたらよいかを考えることになりました。

波とコンディションを重視した受験勉強。

◆T（てい）の字で振り返る◆

私は昔から、勉強でも何でもそうなのですが、自分の立ち位置を見るのは得意でした。自分はこのへんにいるから、このくらい勉強すれば、大丈夫とか。いま第4コーナーを回ったところだけど、自分は2番手だとか、そういう立ち位置がわかるのです。

自分の立ち位置を俯瞰して見ることができるというのは、特技になります。

しかし、高校2年のとき、500人くらいの実力テストで200番くらいで、必要なラインに全然届かず、ダメでした。そこで、高校3年の受験のときにトップテンにいられるように逆算して、そうならないと現役では無理だと自分に言い聞かせました。

もう1つ、本格的に受験勉強に入る前に気づいたことがありました。それは、どうも自分には波があるということでした。自分の性格とか馬力には、波があると。

1年おきくらいに調子が良いときと悪いときがありました。

小学校高学年のころから、ずっと波があって。それでいくと高校2年から高校3年まで波が来ていて、3年の終わりころまで続きそうでした。それが終わると、今度谷底に行くかなと。一浪どころか二浪しそうでした。

家の経済状況もありました。

だから、なにがなんでも現役でいかないとまずいだろうと思ったのです。

そういう自分の立ち位置を理解できていたので、なんとか現役で合格するための方法を考えました。高校2年の2学期から、受験体制に切り替えたのです。

無駄なことはいっさいしないで、1年間勉強だけに集中する。

その代わり、**睡眠時間はきちんと確保する。**

自分では、それほど特別なことではなかったと思うのですが、どうでしょうか。

授業を聞いているとき、ベストコンディションにもっていく。授業重視です。

それまでの母親の教育方針は、先取り方針でしたが。ここが転機でした。

まだ、このころは漢方にも出会っていませんでした。

Intermission 学びの眼②

いま、大勢の若い方が、受験を目標に勉強をしています。

しかし、学力が伸びてくる時期が遅い体質ですと、学ぶことのおもしろさに気づく前に、無理やりやらされている勉強を学びだと思ったまま、その後の人生を過ごすことになってしまいます。

学力が高く、勉強をゲーム感覚で楽しんだ人も、目標や張り合いをなくすと、集中力が保てなくなってしまうかもしれません。

社会に出てからも学んでいける力が、本当に必要な学ぶ力です。

受験で力を発揮できた方も、苦労した方も、それからの人生のほうが長いのですから、本当の「学び方」を、若い頃に身につけてほしいと願っています。

それは、20歳より前かもしれませんし、あとかもしれません。

こういうことを、親が知っておき、子どもと話してください。

第3章

20歳前後、大人の入口で見えてくる学び方

浪人しようが、留年しようが構わない。そのぶん長生きするようにと、娘に話した理由。

＊おくてには奥手（早熟の反対）や、晩生（早生の反対）など、いくつかの漢字があてられています。

勉強しているのに、成績が伸びない。

学習法や、精神的な集中といったこともあるとは思いますが、難しい話を、あえて簡単にいいますと、早熟な子どもと、奥手の子どもがいます。それを見きわめるのが、小学校高学年。

そこから、タフにいくのか、ペースでいくのか。自分に合った方針でコツコツと進めていくのが、中学・高校。

学校など学習環境やコンセプト、教育の方針が合っていれば、その子に適した勉強の仕方も見えてきます。

❖成績が伸びてこなくても、生活のペースを作り、コツコツ勉強を続けられるように。

ちょうどよいペースで続けられる学習法を探して確立できればその子にとっての、よい方法です。

ところが奥手の場合、勉強をしているのに、18歳の時点で、まだ成績に表れてこないことがあるのです。

そういうお子さんの親は、あわてないことです。

あとから伸びるタイプもいることを知り、お子さん（といっても大きくなっていますが）を放任せず、前向きに、生活のペースを作ることからしていきましょう。

うちの子も、娘ふたりは奥手でした。一般的に女の子は早熟といわれますが、すごく奥手だったのです。小学校のときも、中学校でもそうでしたが、あまり成績が伸びませんでした。

高校くらいになってやっと少し成績が伸びてきて、大学はそこそこのところに行けたのですが、本当に成績が伸びたのは、大学の後半からでした。そこから明らかに伸びはじめました。

20歳過ぎてから。そういう伸び方もあるのです。

体質的には長女のほうが奥手かもわかりませんが、次女は高校時代ブラバンに熱中して、部長もやってましたから、勉強は……。それで一浪しました。

浪人するとき、私は娘にいいました。

何浪してもいい、と。

この子は、後半戦の子だってわかっていましたから。二浪でも三浪でもいい。その代わり一つだけ約束して、と。

きちんと規則的な生活をしていくと、寿命が延びます。だから規則的な生活をしてほしいと。本来の寿命よりも長生きしてください と。二浪すれば2年、三浪すれば3年、長生きしなさいと。それで、最終的には、もとがとれるからと。

❖きちんと向き合い、はっきりと言葉で伝える。

＊約束のことを次女に聞くと、いまでもちゃんと覚えていました。

受験生当時、これをプレッシャーに感じるとかはなく、素直に受けとめて、それで安心して取り組めたそうです。

世の中に出るのが遅くなるわけだから、そのぶん長生きするようにと。何浪してもいいからと、彼女にいったのです。

一浪して獨協医科大学の医学部に合格して、そこに行きましたけれども、おそらくぎりぎりで入ったくらいだろうと思います。

そうしたら大学に入ってから、成績がすごく良く伸びてきて。**奥手の子は、規則正しくすると伸びるんです。長生きすれば、いくらでも遅れたぶんは取り返せるわけです。**

浪人しようが留年しようが構わないって、話しました。

自分が納得するように、コツコツやりなさいと。それをちゃんと言葉で伝えると、子ども本人の気が楽になります。

POINT

◎勉強していても、18歳では成績が伸びてこない子もいる。
◎20歳過ぎてから、明らかに伸びる子もいる。
◎教育や人生の方針を、子どもにきちんと伝える。

朝ごはんが人生を変えた！ 世界で一番楽しい予備校生の話。

うちの娘は母親と気が合います。妻は勉強しろといわないタイプですから、家で浪人生活をしても2人で遊んでしまうのです。

それでどうしたらいいか考えて、父親の私とアパートを借りて2人で住むようにしました。そこから予備校に通うようにしたのですが、母親が来ませんから、緊張感で張りつめてしまう。

リラックスが必要だと思い、ときどき、築地市場に朝ごはんを食べに行くようにしました。

このアイデアが、生活のペースづくりに大当たりでした。

＊寮のときは、学校で勉強して、週末に家に帰ってきて、家でリラックスできてよかったのです。母親といると、緊張が全部取れるくらい、家が好きなわけです。ところが浪人するとなると、母親と気が合うものですから、ワイワイと過ごし

てしまい、コツコツ勉強しなくなってしまうのです。

❖おいしい、楽しい朝ごはんの効果は絶大。

＊これが目的で、アパートを築地の近くにしたわけではなく、たまたまでした。吉野家でも食べました。築地は吉野家発祥の地、1号店があったからです。

アパートを築地の近くに借りていたので、世界で一番おいしいものを、朝食に、一日の始まりに食べるんです。父娘ふたりして一緒に自転車で行くわけです。それで、市場の場内とか場外とかいろいろな店に行って朝ごはんを食べました。

朝6時に食べに行きます。私は朝4時に起き、娘の弁当を作っていました。二段弁当を1年間作りました。

弁当ができたら、支度をして築地に。

築地でゆっくり朝ごはんを食べて、学校に行く。

そういう生活を1年間やりました。

娘は、その1年間が楽しかったから、もう1年やろうかしらなんていってました。それで成績も上がって、世界で一番楽しい予備校生じゃないかって。大学に入れたんです。

築地で食べたというのが、ミソです。

そのへんのお店で食べたのではなく、ちょっと特別な感じがし

＊予備校のクラスメイトと話をするようになって、毎日、父が作ったお弁当持参で、ふたり暮らしだというと、何か事情があると、これ以上聞いちゃいけないと周りから思われたかもしれませんね。

❖伸びてから、学ぶ機会を。
＊次女は医学部を卒業して5年経ってから、アメリカに留学です。だんだんと成績が伸びてきて、そういうことになりました。

ます。お店選びは、いきあたりばったりでした。今日は、どこで食べようかとか、明日はそこにしようかとか。何十軒もあるから話しながら決めました。それが楽しかったです。

20歳過ぎてから伸びてくる子は、受験で失敗することがあるわけです。受験のときはまだ伸びていませんから。それに18歳で受験するような一発勝負には、早熟の子どものほうが成長が早くて、有利なのです。

本当は、人生には何度かチャンスがあったほうがよいのではないかと思うようになりました。

長女も奥手で、ゆっくりでした。高校のころ、本人は弁護士になりたいといっていましたが、親から見ると、この成績では正直無理かもと思ってもいました。

❖親が勝手に見切りをつけない。

＊やるだけやっておこうかという感じだったのですが、結局、長い目で見ていてよかったと思いました。

立教大学を出て、それから上智の法科大学院に行ったわけですが、そのあたりから本格的になってきましたね。

法科大学院に入ったころから「あぁ、この子は弁護士になれる」と思えてきました。一歩一歩の足の運び、ストライドが伸びてきたという感じでした。

スロースターターというよりは、やはり「奥手（おくて）」という言葉がしっくりきます。コツコツやる感じなのです。

POINT

◎楽しく、おいしい朝ごはんをゆっくりとる。
◎コツコツとリラックスは同じではないので、環境を整える。
◎20歳過ぎてから伸びてくる子に、チャンスを。

資格など、一流の何かをめざして勉強する。それには養成型の環境が向いている。

日本は、資格社会です。運転免許証から始まって、資格がなければ何もできません。資格がないとスタートラインに立てない。競争すらできない。学歴もそういう意味では、資格のひとつになります。しかし、学歴だけでは職業の資格になりません。

そこで、国家資格が、とても大きな立ち位置となります。

資格にも等級があり、建築士も一級と二級と木造があり、持っている等級によって、できる仕事の内容が規定されます。それに伴って収入も決まるという時代です。

❖**日本の社会は、実は資格社会。**

＊資本主義のはずですが、社会のしくみは資本主義と違います。

資本があると経済活動では有利ですが、社会で必要な立ち位置を作るメカニズムは、資格なのです。

*これから日本で、親の世代より収入を増やそうと思うと、資格を取るしかなありません。

❖トップの資格を。

*うちの子たちには、それぞれ好きな分野に行っていいけれども、その分野での最高の資格をとるようにいいました。建築をやりたいなら、いいですよと。その代わり、一級建築士をめざすようにと、そういう導き方をしたわけです。

たとえば、病院で働こうと思ったら、事務員の仕事は資格がなくてもできます。看護師をするなら、その資格が必要です。病院におけるヒエラルキーは資格で決まる。各分野みんなそうです。国籍とか性別とかにとらわれず、資格本位の方向にあります。

いろいろな仕事で、それぞれの各分野で資格があれば、そういう方向に社会全体が収束していくのではないでしょうか。

アメリカも市民権がないと、すごい差別があります。多くの大学では医学部に入るにもアメリカの市民権がないと入れません。日本では意外と知られていないのですが。

資格のレベルが低いものは、市民権や永住権のない人でも申し込みできますし、永住権、グリーンカードがあれば大丈夫というものもあります。子どもが将来、アメリカで働きたいという希望があるなら、そういう点をよく調べるのも、親の役目です。

そうしたハードルの高いところへの留学をめざしたり、本気で国家試験をめざしたりする人は、みなさんしっかり勉強します。**大学教育でもそうした資格などをめざすことで、本人にとっても社会にとっても有益な投資になる可能性が広がります。**

教育と関係する資格といえば、教職免許もそうです。

ただし、教師として教壇に立つには、教職免許を所持するだけではなく、教員採用試験に合格しなければなりません。

これが狭き門なのですが、教員としての就職率が70%くらいあるという大学があります。種明かしをしますと、子どもたちの出身校の系列の秀明大学の話でして、同じように全寮制にして、学校教師学部を作って、教育者を養成することに特化したら、レベルがバァーンと上がったとのこと。日本中探しても、そんなところはほかにないので志望者が増え、全国から注目される大学に

*もし、日本では適応できないと思ったら、海外の学校でもいいじゃないか、というくらいの間口の広さが親にあるといいですね。

*先生になりたい方にとっての登竜門的な位置づけになりました。系列の秀明学園からも秀明大学へと卒業生が行くようになったそうです。

❖教育者には長期目線が望ましい。

❖教育の場には、競わせて選抜する刈り取り型もあれば、入ってから勉強して育ってもらう養成型のところもある。

なったそうです。

大学の1年次から、秀明学園などで実習、トレーニングを受けるというしくみがうまくいっていると聞いています。

教える側の長期目線というのは、いいですね。中学、高校と、勉強を受けてきて、大学に入って教師の勉強をして実習する。

選抜して優秀な学生を取る刈り取り型が多い大学受験ですが、入ってきて育ってもらう養成型という考え方もあるわけです。

POINT

◎資格が立ち位置や職業のスタートラインになる。
◎教える側が長期目線でいることは大事。
◎職業や資格をめざす、養成志向の大学もある。

目をかけ、声をかけ、手間をかける。体質に合わせて、教え方を変える。

私は東京大学で6年半、教えていました。

東大では「この本を読んでおくように」といえばよく、それで事前に教えることは、おしまいです。そして、講義をします。講義が終わったあとで「次は、この本を読んでおいて」といえば、素直に、その本を読んできます。

次の授業は、前に聞いていた講義の内容と、さらに本を読んでいたことを前提として、その次のことを話せますから、おもしろいようにどんどん進むことができます。

❖**実証向けの教育をしていた、東京大学時代。**

＊東大や横浜市大ですと、半分以上が実証という調査結果になりました。正規分布にはならず、実証に偏っていました。そういう人が選抜されて入ってくるのです。

❖**わかりやすいプリントを作り、講義をするようにした、日本薬科大学時代。**
＊正規分布で、実証も中庸も虚証も、実際の社会と同じようにいる学校です。
＊勉強の仕方も知らなかった子が、薬剤師の資格をとって、自信を持って社会に出る。教育者として、その子の一生を変える道を開いたんだと、教育の醍醐味を感じます。

これは、実証向けの教育です。

しかし、私が学長を務める大学では、同じことができません。かみくだいて教えるため、プリントをしっかり作ります。それだって読んでくれません。本、読んでおいてね、ともいいません。手とり足とり、本の内容をかみくだいて、わかりやすいように書き換えてプリントを作ります。

そして講義は、そのプリントよりやさしくわかりやすくする。

目をかけ、声をかけ、手間をかける。

そういう教育をすると伸びる子がいるわけです。それが虚証の子です。虚証でも、18歳より後に、もう一回かみくだいて教わる機会を作れば、ちゃんと伸びて社会に出ていきます。資格をとって。それがすごいことですね。

POINT

◎ **実証向けと、虚証向けとでは、合う教え方も異なる。**

20歳前後で、それまでの生活から仕切り直し、立て直しも。自分も他者も大切にすることで、心のバランスがとれる。

これまで勉強してこなかった人の伸びしろを増やすためには、基礎の学習のほか、食事の指導も必要なことがあります。

日本薬科大学の食堂は、朝の時間帯にカレーを出しています。特に試験期間中は、食べてほしいです。虚証の人は、朝ごはんを抜いてしまう傾向があるので、食べないで試験を受けてしまいがちです。夏期講習にいくらがんばって来ても、朝食を食べなかったらダメです、という指導のようなこともします。

よくない習慣がついている場合は、本当に手とり足とり、たとえば

❖20歳ころになってからようやく勉強するようになる人もいる。

＊まずは、生活の習慣から。個性を大事にすることには、こういう基本的なことも含まれます。

先生方にも、親御さんにも、学生本人にも、社会の多くの人にも知っていてほしいことです。

❖「惻隠（そくいん）の心」で、自らの心を立て直していく。

え大学生であっても食べ方からです。生活を整えるため、すべての基本にさかのぼってやり直すことも必要です。

それくらい、朝食は大事なのです。自分の時間を、人生を大事にすることにつながるからです。

そして、医療人のみならず、人としても必要であると思うのは、惻隠（そくいん）の心です。相手の気持ちになって、相手の立場になって考えることをいいます。

弱い人とか困っている人の立場になって、ものを考える。ボランティアもそうですが、最近、薬学部は早い時期から実習があります。しかも調剤だけでなく、実際の患者さんに接触する実習が多くなってきました。これも、教育です。

病気の人や弱い立場の人の気持ちを自分のことのように考える。そういう気持ちになる機会をもつことです。

＊自分のことばかり考えなくていい安心できるところで、相手の気持ち、相手の立場を考えられる機会があるとよいでしょう。

学生さんのなかには、もともと、人の心を推し量るのがあまり上手でなかったり、共感力が高くなかったり、ニートっぽい子もいたりします。そういう子に共通しているのは、たいてい、自分のことで精いっぱいになってしまっていることが多いのです。

だから、惻隠の心を持つようにと、そういう心で人と接する機会があることで、自分の心も開いてくるのです。

惻隠の心を持てたことによって、はじめて、自分から他者に心を開くようになったという子もいるわけです。

しかし、最初は本当にわかりません。やる気のない人もいます。でも、それまでのことでうまく結果や成果を出せず、ダメで落ちこぼれていると思っている人のなかに、キラキラ光るものがあることも、わかってきました。このことに、東大などほかのところから赴任してきた先生方は最初は驚きます。

そこから何年かすると、これが教育だと目覚めてきます。

❖教わる側が目覚めると、教える側も目覚めて、教育の場が活性化する。

教育者として先生も目覚め、教える側がおもしろいとなると、教わる側にも伝わってきて、相互作用が生じます。

1年生のときから見ていて、勉強のしかたも知らなかった子がここで勉強して、薬剤師になる。しかも、試験に通るだけではなく、通ったあと、卒業して薬剤師になった後も、伸びていく。

そういう子もいます。それが虚証の特徴です。

POINT

◎**生活の立て直し**は、**朝ごはん**から。

◎**心の立て直し**は、**惻隠**(そくいん)の**心**から。

◎**共感力**が**下**がってしまったり、ニート生活になってしまったりした**人**は、**自分**のことで**精**いっぱいになってしまっている。

◎**教育**の**現場**に、**教える側**と**教わる側**の**相互作用**が**必要**。

顔を出しやすい母校か。

●いまだから、話せること●

勉強には持続力や集中力が欠かせませんが、環境や文化のような、目に見えない安心感やつながりといった要因も影響します。

自分が通っていた学校が、本当に自分に合っていたのかどうか。それを確認する簡単な方法は、母校に顔を出してみることです。

うちの長男は大学生のとき、母校の夜間学習を手伝っていました。東大向けの少人数のクラスで教えるという、公認のアルバイトです。家庭教師に行くよりも、母校で教えたほうがいいからと、何年間か学生時代に行っていました。

慣れていて行きやすかったというのもあったでしょうし、自分のいる大学をめざす後輩の面倒をみることにもなりますが、卒業してからも顔を出しやすい母校ということが前提です。

それも学校の居心地や充足度の高さからきていたのでしょう。

うちの大学でも、全国各地に就職していった薬剤師がいますから、求人活動で母校に戻ってきて、勧誘やPRをすることがあります。

なかには、卒業式のとき「先生方がいなかったら、薬剤師に絶対なれなかった。ここ（日本薬科大学）で手とり足とり教えてもらったので、私にぴったり合って、6年間学んでこれました。苦しい勉強に耐えられました」などと、しおらしくいっていたのが、数年も経つと、堂々と一人前のプロフェッショナルの顔をしてやってくるわけです。

そういう「つながり」や「帰って来られる場所」は、なかなか貴重です。だから、その人の個性や気質、体質に合う教育環境（学校）に出会えた人は、人生において、とても大きなギフトに恵まれたのだと思います。

何かまた新たなことをしようと思ったとき、もう一度何かをしようと思ったとき、何かに迷ったとき。ぶらっと母校を訪ねてみてはいかがでしょうか。

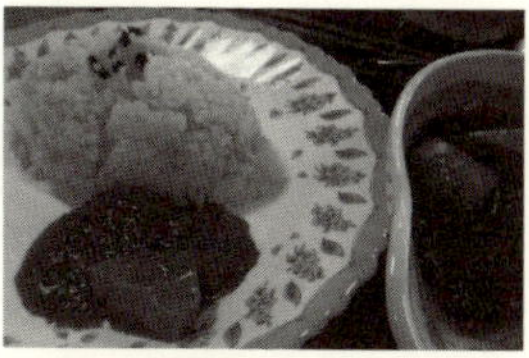
日本薬科大学の学長カレー

直接、人に会って話して、活路をひらく。

◆丁（てい）の字で振り返る◆

私自身は、大学は現役で横浜市大に入りました。親から離れたい気持ちもあり、貧乏な生活もイヤだから独立したくて、わざと東京の大学は受けませんでした。

横浜市大に合格しましたが、家が貧乏で、下宿代のお金が出ません。下宿するのなら自分で何とかしろと。

大学には行きたいので、安く下宿できるところはないか考えたのです。

それで一計を案じて、お寺だったら安く泊めてくれるかなと思って、それで大学の周りのお寺を片っ端から歩いて、3日か4日かけて回りました。

そうしたら、すごく気に入ったお寺がありました。龍華寺（りゅうげんじ）という、源頼朝が建てたお寺が金沢八景にあったんです。ほかのお寺も見たんですけど。金沢八景だから称名寺（しょうみょうじ）とかもありましたが、龍華寺が圧倒的に良くて。

しかも大学からも近い。歩いて7、8分。そのお寺の和尚さんに面会に行って、こういう学生で、こういう事情で、お金があまり出せないけれども安くおいてもらえないかお願いしたんです。そうしたら、和尚さんが過去帳、お寺の記録を調べだして、大正時代にお寺に下宿人を置いた記録がある、だから大丈夫だと。本堂の納骨堂の脇に空いている部屋があるからといって、了解してくれました。

後で聞いたら、本堂にある真ちゅうの燭台とか金目の物を持っていかれないようにするためのドロボウ除けだったようです。学生のとき、柔道をやっていたこともあって、ただ同然で置いてくれたわけです。教養時代の2年間、本堂の納骨堂の横の部屋で過ごしました。その代わり、火はいっさい使えず、冬は寒かった。だけど、大丈夫。ただよりあったかいものはないから。そういう学生時代のスタートでした。

お寺のお坊さんとはいまだにおつきあいがあります。とてもいい時間を過ごさせてもらいました。

いまの学生さんですと、ネットで検索して、条件に合うところが見つかりません、といって終わってしまいそうです。単に、私が追い詰められて必死だっただけかもしれませんが、**自分の足で歩き、直接、人に会って話すことが必要なときもあるのです。**

◆丁（てい）の字で振り返る◆

大学生活の始まりと、漢方との出会い。

大学に入ったときに、考えました。
念願かなって医学部に入ったけれども、本当に勉強したかったのは歴史でした。
これから6年間、本当にやりたかったことと違う、医学の勉強に耐えられるだろうか。
すごく心配でした。五月病じゃないけど不安でした。
そのときに新入生歓迎会があって、高校の先輩に声をかけられたのです。
「あなた、私のクラブに入りなさい」と。

女性の先輩で、自分の入っているクラブがつぶれそうだからと。
それが、東洋医学研究会。漢方の勉強をするクラブでした。
やりたかった勉強は歴史で、やらなきゃいけない勉強は医学。
うまい具合に医学と歴史がくっついたので、これはいいと思いました。

あとで調べてみたら、当時、漢方のことをやるクラブは、横浜市大と千葉大しかなかったようでした。

医学部では、最初の2年間は教養課程、あと4年間が専門課程ですが、こうしたいきさつで最初の2年間から漢方の勉強を始めることになりました。

まだ大学紛争のなごりで、よく休講がありましたが、そういうときにはずっと漢方の勉強をしました。6年間漢方漬けです。

教育には、こういう偶然というか、運命的な出会いがあることもあります。

まるで、待っていたかのように漢方と出会い、見過ごしてしまうことなく、その道へと進み、コツコツと積み重ねて、そこから、いまに至りました。

いま振り返っても、運命的な出会いだったと、しみじみと思うのです。

薬研（やげん）
（日本薬科大学漢方資料館蔵）

虚証というと、弱そうに思われるかもしれませんが、むしろ、虚証の人のほうが、若いときから健康に気をつけますし、自分で節制し、自主的にリラックスやセルフケアをします。

虚証の人は感染症にもともと弱く、昔でしたら結核などで亡くなってしまうことも多かったのですが、いまは衛生環境も整い、食べものもきちんとしているから、長生きします。

実証の人は、健康感に満ちあふれています。ところが、無理がきくし、食事はどんなに食べてもおいしく食べてしまう。気づかずに無理して病気になってしまうことがあります。メタボ、高血圧、高脂血症などの生活習慣病です。身についた生活習慣が変えられず、病気したり入院したりして、やっと反省するのが実証です。

病気になる前に、体質に合ったケアを意識しませんか。

それが、大人に必要な勉強、保健体育です。

第４章

生活からの学びに、気づく

――支え合う社会とコミュニケーションのありようを振り返る

仕事はできるのに、ニートになってしまう人。

❖実証が虚証を引っ張ろうとしても、無理。
＊違いを理解し合って、助け合えるとよいのですが。

大人になって、引きこもりやニートになってしまうのは、虚証が多いのです。周囲にいる実証の人にひきずられて、がんばろうとして、同じだけ行動できずに挫折してしまうパターンです。

それでニートになったという人に会ってみても、みんないい子です。悪い子がいない。それなら、ちょっとコンビニ手伝ってとお願いすると、仕事ができてしまう。

仕事もできるのに、どうしてニートになってしまうのかというと、長時間あるいは変則的なシフト勤務に入ると体調を崩してし

＊反対に、実証の場合は、無理がときどきあっても大丈夫。シフト勤務があったり、国際線のパイロットだったり。年がら年中、仕事自体に対応していくとか、時間が一定でないとかでも平気です。

まい、またニートに戻ってしまうのです。

仕事もできるのに、なんでニートなのという人には、こういうことがあります。時間や仕事の量で、無理ができないのです。

解決策は、時間が決まっていて、仕事の量が決まっている仕事にすること。

たとえば店舗勤務で、遅番の仕事。13時〜21時などというシフトで一定なら、大丈夫かもしれません。

ただ、風邪には気をつけてください。

感染症に弱い、つまり風邪を引きやすいのは虚証です。

虚証の適職は、コツコツやることが向いています。パイロットになりたいとか、相撲とりになりたいとかは、本人もいわないと思います。小さいときは憧れて、いうかもしれませんが。

POINT

◎虚証は、仕事の時間やサイクルもなるべく規則的に。

組織で見られる、実証と虚証のまざり方。

実証と虚証とでは、物事の楽しみ方も違います。

実証の人に山登りなどをさせると、何時間で昇ったとか、競いたがります。高いところにも行きたがる。エベレストに登ろうなどという人は、間違いなくみんな実証です。

ところが、山が好きな人でも虚証ですと、登る速さとか高さを競うことはせず、景色を楽しんだり、のんびりと山を歩いたりすることそのものが好き。そういう人が多いですね。

同じ「山が好き」でも、ちょっと違うのです。

＊大人の場合も、実証と虚証の大きな違いは、胃腸の消化力です。虚証の人は、食が細くて、食べるのがゆっくりなのに、三食食べないと持たないのです。

＊実証の人は、ため食いがききます。一日一食でも平

気です。仕事が佳境に達すると、一食抜いて仕事を片付けてしまい、区切りがつくと、あぁ、やれやれといって真夜中にステーキだって食べられる。これが実証の人の特徴です。

＊虚証の人の場合は、夜中にラーメン一杯も食べられません。それは体質の違いです。

いろいろと違うのです。おそらく脳の活動性も違うのではないかと思います。

昔、ワンダーフォーゲルといっていたのですが、山が好きで、ゆっくり山とか尾瀬とか歩くのが好きな虚証の人たちが集まって楽しんでいたところに、実証の人がひとりでもまざってくると、今度は何キロ歩こうとか、そっちのほうにいってしまって、めちゃくちゃになってしまうことがあります。

虚証の人たちが楽しんでいたところに、実証の人が入ると、そういうことがありえます。人生も、そういうことには気をつけないといけません。人間国宝タイプがコツコツやっているところに実証の人が来てひっかきまわしたら、虚証の人はいなくなります。

その代わり、実証の人は、営業とか瞬発力を要求される仕事に結構向いています。バリバリと仕事をこなしていって、どんどん会社を大きくしていく。そういう第一線で活躍して頼りになる人たちは、実証が多いのです。

虚証の人たちは9時～17時の仕事でコツコツやるほうが向いていますから、経理や総務にはぴったりです。

実証の人たちが懸命に仕事をして、会社が大きくなったから、記念に30周年誌を作ろうとなっても、30年勤めていても、実証タイプの人たちは一筆も書けないでしょう。昔のことを忘れてしまいがちだからです。ところが、虚証の人が昔の資料を整理して全部残していたり、記憶にも残っていたりして、フォローする。

そうして助け合えれば、うまくいくのです。

会社であっても、社会であっても、実証の人と虚証の人とでは役割が違うのです。

実証の人と、虚証の人が、適度にまざっているのが、和（わ）の組織です。

ところが、いまの日本では、両方のタイプが適度にまざるのをうまく許せなくて、社員というのはバリバリ働くものだと思って

❖虚証を理解できる実証が求められている。

＊実証タイプの方は、やりすぎ、しすぎに気をつけ、自分以外のスタイルや価値観をきちんと認める態度をとることです。

つまり、虚証タイプの人がいることを理解して、異なる働き方の人も受け入れて、相補関係をめざすことです。それが協働です。

❖虚証は実証に対して劣等感をもたないこと。

＊虚証タイプは、実証タイプと自分を比べるのではなく、できることを見つけてコツコツと働く。そして、互いの仕事や働きについて、共通の理解やコミュニケーションを忘れないことです。

＊ときには、それぞれにあったリラックスや、ストレスの解消法を実践する。こういうことが、健康な人間と、健康な組織づくりにつながります。

いて、それができないのは、コツコツやるタイプだと思えずに、足手まといだと思ってしまうのです。

そして、そういうコツコツ型は、必要なときだけ利用できるような派遣社員でまかなえるからと切っていってしまう。

仕事というのは、そう簡単ではありません。バリバリやっている実証タイプの人を営業として集め、事務仕事を派遣社員にさせると、営業でボロボロになる率が高くなってきて、そのなかから虚証のタイプが発生してくるのです。

和の組織は昔から6：4です。

6が中庸。それに、2が実証、2が虚証。足して4です。

POINT

◎実証と虚証がまざり、互いを理解して支え合うのが和の組織。

子育て、共働き、フル回転の人のためのワークライフバランス。

子育て中に、おかあさんがイライラしたとき、子どもが夜泣きするとき、そろって処方するものに、抑肝散《ヨクカンサン》という漢方薬があります。

これを母子同服《ぼしどうふく》してもらうと、2人とも落ち着いて、何となくストレスが緩和されます。母子同服というのは、同じ薬を親と子、両方に処方して飲んでもらうことです。

漢方ならではのユニークな飲み方です。

＊抑肝散は、怒りっぽい、興奮しやすい、イライラしやすい、という人に処方されます。

だいたいおかあさんに処方しますが、おとうさんが飲んだら父子同服（ふしどうふく）です。

＊日本のおかあさんは疲れています。家に帰って、子どもを見るとイライラして、過剰に叱ってしまって、自己嫌悪になることもあると聞きます。精神的なバランスをとれるとよいのです。

＊昔は共働きでも、おばあちゃん、おじいちゃんがいて、面倒を見る「目の数」はきちんとあったと思います。いまはその目の数が足りないのかもしれません。

共働きですと、家に帰ってからもやらなくてはいけないことが多くて、子どもをゆっくり観察もできません。次々にこなすだけになってしまって、なかなかまとまった時間がとれない。

ですから、これは各家庭の方針にそって解決するワークライフバランスの問題です。バランスが悪いときに具体的にどうするかはケースバイケースです。

一番の理想をいえば、共働きの家庭では、子どもに対して夫婦が等しく、イーブンの責任を持つことです。母親のほうが負担が大きいなら、父親がそれを減らして負担するところからです。

核家族化していますし、そのままでは負担は消えません。

バランスを等しくしたら、子どもも大人も、家に帰ってきたときに、どういうふうに休めるかですね。大事なのは環境です。

大人がリラックスする。それを子どもに見せてかまいません。

＊うちの診療所の患者さんは、子育て世代があまりいなくて、みなさんお孫さんがいる世代です。

＊40代くらいの方は、あまりうちの診療所に来ないのですが、漢方が中高年以上にしか効かないわけではなく、40代はまだ聞く耳を持たないから来ないのです。懲りて、痛い思いをしないと、いうことを聞いてくれません。そろそろ、ギアをダウンしたほうがよいでしょう。

だから、家に帰ってきて、子どもに勉強しろといいませんでしたし、家に仕事を持ち込むこともしませんでした。

いまはたいていの家にパソコンがあるから、家でも仕事ができてしまいます。会社が残業禁止になって、家に持って帰って仕方なく仕事をしていることが問題です。家族もリラックスできなくなるからです。

仕事と家に線引きをすれば、遅く帰ってきてもよいのでは。親と子の勉強の約束だけではなく、夫婦の間でも仕事について約束したらよいかもしれません。家で、何かしたらダメだと思って過ごすより、心からリラックスしてほしいです。

フル回転の忙しさは、どのような仕事でも繁忙期はそうだと思います。むしろ、長い目で見ると、ギアチェンジできるかどうか、です。人生には、ギアを上げなければいけないときや、下げなけ

★50代の半ばくらいで、シフトチェンジした私。

＊私自身は、わりと中庸でしたが、世の中を生きていくためには、高校から大学と、実証の人と競わないといけなかったので、無理をしていました。そうせざるをえなかったのです。

ればならない時期があるでしょう。

中高年になったら、みんな下げていきましょう。

なのに、ギアが下げられない。そうするとアクセルを踏みすぎて体が焼き切れてしまう。診療所に来る患者さんを見ていると、この人、飛ばしすぎたんだなと思える人がいっぱいいます。

ガンとか糖尿病とかメタボとか、実証の人や、虚証なのに無理してきた人が多いですね。飛ばしすぎたんです。

途中からギアを入れ替えて、シフトチェンジして、ローにして、ゆっくり進んでいくようにしたいですね。

POINT

◎子育て中のイライラには、漢方を母子同服ないし父子同服。
◎共働きは、責任や負担を等しくして、家では休めるように。
◎フル回転の勢いで飛ばしすぎない。40代からローギアも。

きょうだいや、中学・高校の友人と仲が良い理由。

うちの家族は仲が良いといわれますが、**家族だったら、無条件に仲が良い、ということではないと思います。**

子どもたちが話すのを聞くと、仲が良い理由がわかります。共通項といいますか、土台がたくさんあるのです。

習った先生や友だちが、みんなクロスしています。それで話題も共通にあります。寮生活でしたから、2、3学年上まで、名前と顔が一致していますし、クラスの誰とか、わかるわけです。

うちの子たちは、いまだに中学、高校のときの友だちと、ひん

❖共通項や土台を大事にするから、仲がよい。

＊長女と長男は一緒にアパートを借りて住んでいたこともあります。夫婦と間違えられたこともあるそうです。

＊いま、秀明学園では高校2年まで2人部屋で、高校3年から個室です。もし、ひとりっ子で入寮すれば、ルームメイトがきょうだい代わりですね。

＊次女は秀明学園の友人たちについて「人と人との間の取り方が上手で、対人関係能力が高いと思う」といっていました。

ぱんに連絡を取り合ってます。いまでも、呼んだり呼ばれたり。卒業しても、しょっちゅう会っています。

うちの長男の結婚相手は、中・高の同級生が紹介した女性です。あいつの奥さんがいいっていうなら、人柄がいいのだろうって。そういう話になったのも、それまで、よく友だちと飲んだり食べたりしていたからです。「そろそろ結婚しようかな」といったら「じゃあ、紹介するよ」って。いい友人たちに恵まれました。

一生の友だちができることは、本当にいいですね。

全国から人が集まる学校なら、さまざまな出身の人と出会います。北から南から、全国各地出身の友だちに恵まれるわけです。

POINT

◎共通の土台や知り合いが多いと、話題が多い。

◎卒業後も連絡を取り合い、ときどき集まるのがよい。

家庭内のリーダーシップ・マネジメント。

家長（かちょう）は、普段は存在感なくていいんです。大事なところで決断するのが、おとうさん。細かいことをいわない。ごはんがおいしくないとか、まずいとか、いっちゃダメです。だまって食べる。うまいと思わなかったら、外へ、うまいところへ連れていく。ごはんの炊き方をいうわけではなく、任せます。子どもが、家庭の中の重心を理解していればいいんです。家長は、権力があるわけではなくて、責任をとる役です。へそにあたる、重心です。

＊共稼ぎでも、どちらかが中心になったほうがうまくいくように思います。

＊男性だから女性だからというところは微妙ですが、子どもの精神の発達上、私（父親）が決めたほうがすっきりすると思っています。

「おとうさん、このピアノを買うことにしました」とおかあさんが決めて、それを報告するのでは手間がかかります。

＊夫婦の間で、子育ての意見が分かれたことは、あまりないですね。

＊……と、こんな話をしていると「あら、そう」「いつも、おとうさんは〜」と、顔を見合わせて意味ありげにニコニコしながら、妻と娘が聞いているわけです。

うちは、重大なことは私が決めます。バイオリンはこの先生に習わせると私が決めます。その後のレッスンでは、バイオリンの先生にお茶を出すのは、妻です。

ピアノを買うときも、私が見に行きます。このピアノに、と。それで子どもに弾かせてみて、気に入ったか、よし、これにするぞ、と決めます。

妻は、子どもの前では、私の決断を尊重して立ててくれます。寮を見に行くときも、必ず一緒に行きました。一緒に同じ情報をもったうえで判断するということです。家長でも、判断するだけじゃいけない。いろいろ一緒に行って情報を共有します。

POINT

◎**共働きでも、どちらかが家庭の中の重心をキープ。**
◎**普段は細かいことをいわない（いわせない）。**
◎**相手の決断を尊重する**（尊重してくれている、と思わせる）。

子どもたちの将来のビジョンと、妻のひとこと。

❖進路は、家族で話し合う。
＊家業みたいになって、みんなで医者をやるのもどうかと思っていました。医者は誰かひとり継げば十分です。しかし、誰が継ぐかが、私の想定とは違っていたのです。

親として、子どもにどういう仕事についてもらいたいか、私は特に思っていなかったのですが、妻は考えていました。

1人は建築家に。1人は弁護士に。1人は医者に。

それを聞いて、子どもたちの誰かが医者になるなら、私は長男だと思ったのですが、妻に「そんなバカなことは、やめてくれ」といわれたのです。建築家はアタマがよくないといけない。息子は建築家にする、と。

「あの子はアタマがいいから。医者はバカでいいから。長男を医者にするなんてもったいない」と、医者の私にいいました。

何か考えがあったのでしょう。どうしてアタマがいいと建築家で、医者はバカでいいのか。それ以上聞けませんでした。

長男は小３のときに建築をやりたいといい出しました。

それなら、娘たちのどちらかが医者になればいいと。

そうしたら長女が「自分は弁護士になりたい」という。

それで次女に聞いたら「わたし、医者でもいいよ」というので決まりました。

医者の息子だから、娘だから、全員一緒に医者というのは、ちょっとイヤだなと。なるべく違うことをさせたいと私は思っていて、割り振りは妻がしたようなものでした。

＊妻は、長男を建築家にと思っていました。

＊それぞれ違うことを子どもたちにさせたかったというだけです。

POINT

◎将来のビジョンは、家族みんなで率直に話し合う。

◎早いうちから将来のビジョン、めざすところを決めておく。

なぜ、医者はバカでも……

進路の話をしていた当時、妻に「医者はバカでもできる。建築士は頭がよくないとできない」といわれて、医者である自分はショックを受けたのですが、妻は、そういうことは、いっていないというんです。

先日、思いきって、その真意を尋ねたところ……。

「医者は、大変ですよ。状況によっては、厳しいことをいわなければならないときもありますし、人の死に目にも遭遇します。それでも人間が好きであるとか、何かないとできません。次女は人間が好きですから、医者でいいんです。だけど、**いくら成績がよくても、性格が向いていないことは、させたくなかったのです。**長男は、うちでいちばん芸術家肌でしたから」

実は、妻と息子は一卵性かと思うくらいに、見た目もとても似ている、そっくり親子なのですが、それで、妻が好きな建築のほうに行ったのかもしれません。

妻は、さらにいいました。

「たぶん、私自身が芸術家肌の人が好きなんです。学校でも美術の先生って、ちょっといい感じがしますでしょう?」

するとそばで話を聞いていた次女もこういうのです。

「たしかに、おにいちゃんは芸術家肌だし、やさしいから人に厳しいことをいうのは大変だと思う。それに、**『医者はバカでもできる』って名言かも。私、昔は成績よくなかったし**」

大学に入ったあたりからようやく伸びてきた次女にそういわれては、もう、納得するしかなさそうです。

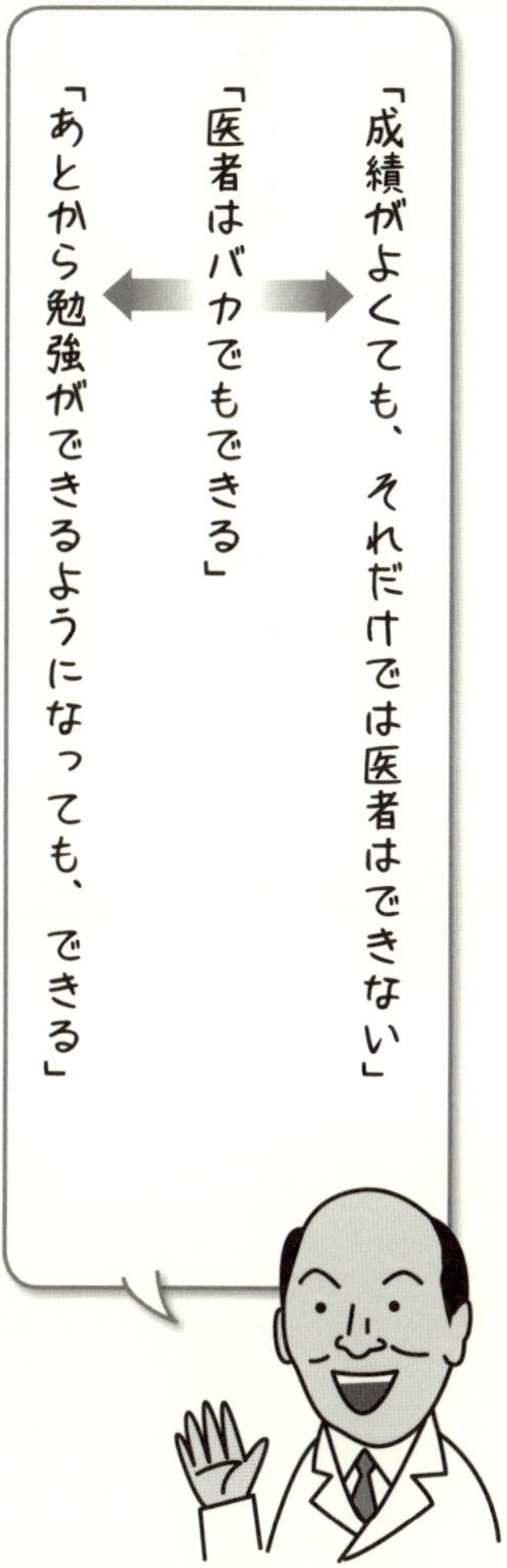
「成績がよくても、それだけでは医者はできない」
「医者はバカでもできる」
「あとから勉強ができるようになっても、できる」

*妻はタイミングがうまいのです。意識的にやってるわけではないだろうけれども、うまく回っていました。

夫婦で、せめてどちらかが、そういうのが上手ならいいのでしょう。

季節のおいしいもので家族コミュニケーション。

うちでは、何かおいしいものを見つけてきたり、子どもたちをどこかに連れていったり、いろいろとしているのは妻です。

季節の果物などをもらっても、まず、私には出しません。子どもに食べさせます。必ずそうです。もう子どもたちも30歳過ぎていますが、いまだにそのくせが抜けていません。

岡山のおいしい桃をもらったときもそうでした。

岡山の桃は、栃木でも買えるだろうから、栃木で買わせればいい。自分で働いて稼いでるんだからと私は考えます。

＊子どもたちは横浜や栃木に住んでいたのに、持っていくんです。栃木まで岡山の桃を持っていっても、電車賃かかるから、採算取れないと私はいうのですが。

＊この前もそう。いただきものを娘と息子に分けていたら、私のぶんがなくなっちゃった。どうしてくれるんだって。

子どものころから続いてきたからでしょうが。

でも、妻は、そうしません。直接持っていって、一緒に食べる。子どものときからの習慣で、自然に続いているんです。

最近は、子どもたちも大人になって、食べものでは釣れないとみて、那須のほうでおもしろい温泉を見つけたからって、娘を連れて行ってるわけです。私には声はかかりません。あなたは仕事があるからねって。

そうすると、普段は仕事で忙しい娘たちも、すごく休めたっていうわけです。また行きたいって。

うちは、そんなふうにイベントを入れたり、家族のコミュニケーションがあったりして、うまく回っています。

POINT

◎子どものときからの習慣は、大人になっても続けやすい。
◎大人になったら、食べものでは釣れない。でも一緒に食べる。
◎母親と子どもたちの時間は、大人になっても大事。

❖共感力での察しや、養われた社会性を、感性に結びつける。
＊苦労する人もいるでしょうし、成長したあとからでも知識で学べますから、自覚していれば問題を起こさないことはできます。

共感力と社会性を育む、リアルなコミュニケーション。

共感力で、ほかの人のことを察することができるかどうかは、体質というより、コミュニケーションです。そこで苦労する人の多くは、いろいろなレベルの人と、それまでつき合ったことがないのかもしれません。大人になってからでは遅いです。

感性に結びつくかどうか。社会性は子ども時代に養われます。

実験の話ですが、ケージ（おり）のなかに動物を入れて育てたときに、1匹ずつ別々のケージに入れられて育った動物と、数匹が一緒に育てられた動物とでは、行動が違うといわれています。別々に育てられた動物を後から一緒にしても、コミュニケーションがうまくとれない。ある年齢までが、大事なんです。

小さいうちに、いろいろな種類のいろいろなレベルの人と交わって、その人たちを生きた人間のサンプルとして理解できる環境が大事です。

たとえば、子どものころ一緒に遊んだ子が、グレてしまったとします。その子には良くないですけど、グレる子はどういう子か想像できます。傷つきやすさ、弱さ、貧しさ、いろいろとネガティブな要素があります。それを、生きた人間で勉強します。

人はみな、わが師。それは、サンプルなのです。

❖人はみな、サンプル。

＊小説を何冊読んでも、生きた人間を何人か知っておくほうが勉強になります。実感ですから。本を読むことは、もちろん役に立つのですが、コミュニケーションにおいて体験に勝るものはありません。そのうえでの読書なのです。

POINT

◎コミュニケーション力は、子どものうちに。
◎いろいろな人と交わって、生きたサンプルとして理解する。
◎体験してから、感性に結びついたうえで、読書。

日常で気になったことと、スマートフォンやＳＮＳの影響。

間口が広いほうがいい、視野が広いほうがいいと述べてきましたが、スマートフォンやＳＮＳが発達に与える影響については、まだわかっていません。

スマホは、目は開いていますが、見ているところが狭いです。察しであるとか、共感力に関係してくるのかどうか。教育の問題というより社会の問題かもしれません。

この前、電車で、優先席でスマホを見ていた人が、お年寄りを立たせたまま平気で座っていました。

＊仕事で必要な人はいいと思いますが、電車で座っているときに、いつも見ることが習慣化しているのは、どうなのでしょうか。

＊うちの子どもたちが小さいころ、スマホはなかったです。私も持っていません。みんなが電車の中でスマホを見ている光景になじめないんです。あのなかの一員にはなりたくないです。

画面が小さいゆえの、視野の問題か。わかっていて席を譲らないでいたなら、意識の問題か。本質的な原因は何か。

もし、あと何年かして、毎日電車に乗ってスマホをやっていた人が認知症になる率がどうとか、そういうニュースが出たらこわいと思います。あまりにも急速に社会に広がりましたから、その影響や行く末は、誰も知らないわけです。

昔、子どもには、子ども料金なんだから座っちゃダメだよって教えていました。いまは、小学生の子どもを座らせますよね。あれはあまり良くないと思っているのですが、気になりませんか。

世の中は少しずつ動いていて、ある日、いつのまにか変わってしまったような気持ちになるのです。

POINT

◎ **視野と察しが関係するのか、意識や社会の問題になるのか。**

◎ **親が、子どもを立たせなくなった。世の中は動いている。**

地域や異年齢集団のコミュニティと、キャリアデザイン。

多様な経験をして、いろいろな人と知り合う意味でも、地域の小学校に入って、地元のお祭りに参加してというのが必要だと思います。うちも、地域の公立の青柳小に行かせました。

地域の子たちと交わると、たまり場みたいなものが家の近くにあるわけです。うちの場合、それはアトリエでデッサンなどを教えてくれるお絵かき教室でしたが、そこにいろいろな子どもたちが遊びに来ていたから、将来のこととか、職業のことも話して、アトリエの先生が相談相手になって聞いてくれたわけです。

❖地域の人たち、年の違う人たちと話す習慣を。

＊地域の見まもり隊というわけでもないですけれど、地域の子や地域の人と、いろいろな話をしたんでしょうね。助かりまし

た。親がいうより他人の口からいってもらったほうがいいこともあります。

＊子ども自身が将来を考える機会は大切ですが、テンプレートを埋めるように、マニュアルで設計する、覚えるのではないと思うのです。

うちの子は、そこに来ていた年の違う人たちと話し、ときには小さい子や、大人たちの話を聞く側にもなっていたのでしょう。中学、高校になっても顔を出しに行っていましたから。

子どもと大人の中間だからこそ、できるコミュニケーションがあります。地域の子どもたちと交わり、気づかされることもあるでしょう。将来や人生を考える、ある意味でのキャリアデザインのベースになるわけです。

自分で考えるだけのキャリアデザインという抽象的な言葉ではなくて、社会や生活にも密着して、いろいろなことが交わる経験をしながら考えられるといいですよね。

POINT

◎家族とは別の大人に話を聞いてもらい、大きくなったら聞く側にも回る場所があるとよい。

◎地域の異年齢集団との関わりから、自由な気づきを得る。

子育ての環境と、近所づきあいで思い出したこと。

❖わがままな子どもは、リラックスさせて、テンションを下げる。

❖親のストレスも、ワンクッション置いてくれる人を見つけて、緩和を。

保育園では「いい子」にしているようなのに、家では、すごくわがままな5歳児とかいますよね。それは、子どもなりに保育園でテンションが上がっている状態なわけです。ですから、家でリラックスさせてやればいいのです。

しかし、そうすることで、親のストレスが上がってしまうのなら、もう1つ、ワンクッション置いてくれる別の大人がいるといいですね。親ではない大人が。

以前、谷中（東京都台東区）の長屋で暮らしていたときのことです。

＊昔は、近所に、そういう大人がいてくれたわけですが。

＊いやだったことは、プライバシーがないこと。よいところは、近所に、気にかけてくれるおばあさんたちがいたことです。

子どもが小さかったのですが、普通に泣いていても、全然、気にもかけられない。ところが、「うわぎゃぁぁぁーっ」って変な泣き方をすると、玄関におばあちゃんが3人くらい、来てくれてて、立っている。「いま、おかしかった」「何かあったのか」と。

これには、びっくりしました。来たり来なかったり、聞き分けているというか。会話も聞かれてるんじゃないかって。

どうしても子どもを置いて出かけなきゃいけないというときも1、2時間くらい見てくれました。子どもも、あのおばあちゃんがいい、このおばあちゃんがいい、って喜んで。

おかずが多くできたからって分けてくれたのも思い出です。

ほんわかしたところもある。そんな素敵なところでした。

POINT

◎ワンクッション置いてくれるような別の大人がいるといい。

◎プライバシーを最優先にしない暮らし方もある。

子離れ、親離れを振り返って。

うちの場合は、子離れ、親離れが明確でした。

親から見た子離れは、中学への入学でした。中1は早いと思う方もいるかもしれませんが、経験からいえば、むしろ、ちょうどよいタイミングでした。

子育てにおいて、親として大事にしていたことを考えますと、ゴールがどこにあるか一概にいえませんが、**いつまでを子育てとするかを考えられたことは、よかったと思います。**

中学から寮生活と考えると、子どもを育てるひとつの区切りが

＊親が感じる子離れと、子どもが感じる親離れのタイミングは、同じとは限りません。

＊うちの子たちから見た親離れは、大学に行くときだったでしょう。

寮生活で十分に自立でき

るよう育ちましたから、いまさら親と一緒に暮らしたくないという感じになったのかと。

❖人生には節目が大切。

＊同じ家で暮らしていると、節目ができません。節目があって、振り返るのはいいことだと思います。

＊ちょっと違うかもしれませんが、たとえば、若いふたりが結婚式を挙げずに、そのまま暮らしてもいいという声もあるでしょうけど、式は挙げたほうが節目になります。

小学校の6年の終わりに明確にあります。そこに、親と子どもの関係を考え直す、節目があるということです。

中学・高校は大事な6年間ですから、寮生活をするにせよ、家から通わせるにせよ、信頼して助けてあげることです。

学校選びでは海外も国内もいろいろなところをリサーチして、最終的に納得して選んだので、責任は果たしたという気持ちにはなっていました。

体質にあった生活のルーチンづくりや、リサーチは親の役目です。与えられた環境でどのくらいがんばるかは子どもの責任です。

POINT

◎親離れ、子離れの感じ方やタイミングは、親と子で違う。

◎ルーチンとリサーチは、親の役目。がんばるのは子ども。

◎節目を大切にして、親と子の関係を考え、振り返る。

あとがき

私は、超難関校といわれる大学で教育にたずさわっていた経験があります。ところが、そういう大学の学生の中に、入学後から目標を失ってしまい、挫折してしまう例を多く見てきました。

それをきっかけに、教育の良し悪しについて考えるようになり、けっして親の自己満足でなく、その子どもの一生における真の幸せを第一に考えるような教育論が必要ではないかと思い、この本を執筆することになりました。この本は子育ての成功体験記ではありません。

各種の教育論は「子どもの個性を伸ばす」といいながらも、実際には自分の子どもが有名難関校に合格した成功記であったり、子どもが持つ特殊な才能をいち早く見つけて伸ばしたという成功例について書かれたものであったりすることが多いように感じます。

しかし、それは教育論としてみれば自己満足であり、普遍性に欠けます。すべて「各論」にあたるものではないでしょうか。

本書はあくまで「総論」です。平凡な子どもたちの実例です。教育において大切だと思うのは、結果を競うことではなく、子育てのプロセスであり、「その子の一生にとってプラスになることは何かについて考える育て方だということです。いわば、これが家庭教育のツボです。個性を伸ばす基盤になるのは、その子の「体質」です。

これをちゃんと見きわめて体質に沿った育て方をすれば、その子は間違いなく育ちますし、持って生まれた能力や才能を十分に伸ばすことが可能になるのです。それはその子の一生の財産になるでしょう。

そのためには、個人に合わせた成長プランを用意しなければなりません。この本には子どもが持っている能力の引き出し方を書いてあります。これこそ人生百年時代と呼ばれる現代にふさわしい教育論ではないかと自負しております。自慢話ではありません。

子どもが持っている能力を引き出すには、家庭環境が重要です。

子どもが家に帰ってきたとき、巣に戻ったように羽を休めることができる。そういう家庭を子どもに用意できると、心身を休める副交感神経系が活発に働き、子どもが心からの休息をとることができます。

本書では、個人の体質や個性の差を基盤とした子育て論、教育論のツボを論じました。親から子は学び、親は子に気づかされる「親子学」として、みなさんの参考になれば幸いです。

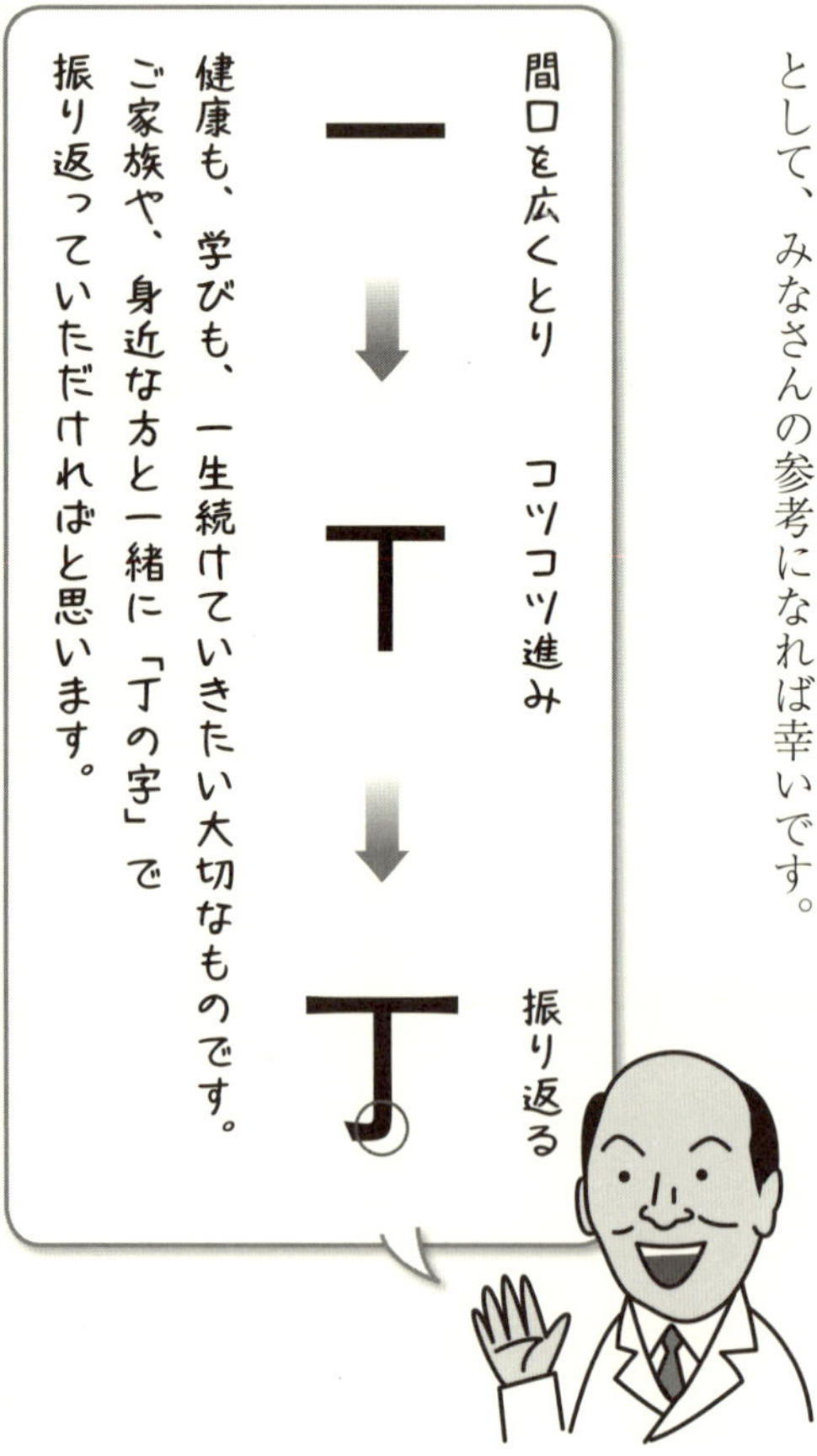

間口を広くとり
一
コツコツ進み
丅
振り返る
丁
健康も、学びも、一生続けていきたい大切なものです。
ご家族や、身近な方と一緒に「丁の字」で
振り返っていただければと思います。

巻末付録

豊かな人生を作るのは、学びと日々の生活から。

――体質チェックとスパイスレシピ

実証・虚証などの体質の目安になる簡単なチェックリストをご用意しました。年に一度は、生活や健康状態を振り返ってみましょう。おいしく健康によい食生活は、大人にも子どもにも、その間の難しい年ごろにも、誰にとっても大切なことです。

そこで、身体によいスパイスを、手軽に使えるレシピをご紹介します。簡単なものばかりですので、お子さんとの食育、コミュニケーションや、一人暮らしの準備にも。もちろん、忙しくて時間がない大人にもおすすめです。スパイスの力をおいしくご活用ください。

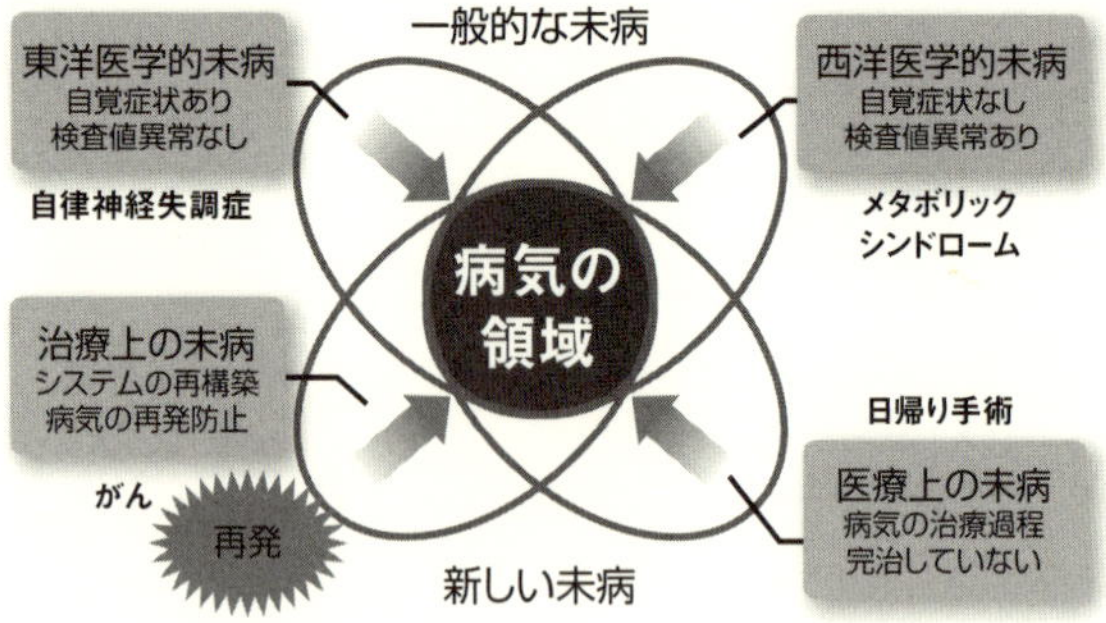

（出典：日本薬科大学市民講座より）

◆体質チェック（12項目）と「未病」

実証が8項目以上＝実証タイプ。虚証が8項目以上＝虚証タイプ。それ以外は中庸タイプで、項目のかたよりによって中庸の実証寄り、中庸の虚証寄りとなります。

そのほか、実証6、虚証5、中庸1のように両側に極端に分かれるパターンも、近ごろの若い方に見られるようです。それは、本来は虚証のはずが、無理をして環境に適応しようとしているのか、本来は実証であるのに、どこか弱っているのか、現代ならではの「未病」かもしれません。

未病は、病気に向かって進んでいる動的状態で、早めのケアが有効です。自覚症状があるのに検査値に異常がない「東洋医学的未病」もあれば、自覚症状はないが検査値に異常がある「西洋医学的未病」もあります。まず、生活を規則正しくして、本来の自分のタイプを探ってみましょう。

子どもから大人まで使える　簡単！　体質チェック

	実証	中庸	虚証
体つき	筋肉質・栄養良好	どちらともいえない	痩せ型あるいは水太り
行動	行動範囲が広い スポーツ好き		行動範囲が狭い インドア好き
声の印象	大きい・よく通る		小さい・聞き取りにくい
顔の印象	顔につやがある		白い・青白い
食欲	食事は早く、大食い		ゆっくり・小食・食休み必要
疲労	疲れにくい・活動的		疲れやすい・消極的
疲労回復	早い・一晩寝ればOK		遅い・時間がかかる
抵抗力	風邪をひきにくい		風邪にかかりやすい
着衣状況	薄着をしたがる		厚着をしたがる
手足の冷え	なし・冷えに強い		あり・冷えに弱い
飲食	冷たいものを好む		温かいものを好む
生活	熱中すると寝食を 忘れることがある		規則的に食事や睡眠を とらないと動けない

（実証＝　　個）（中庸＝　　個）（虚証＝　　個）

◆簡単！ 時短！ すぐできるスパイス料理のレシピ

市販のスパイスパウダーで簡単に手早くできるスパイス入門です。
忙しい大人にも、お子さんにもおすすめです。

スライス&スパイスオイル炒め

【スパイス、材料など】（2～3人分）
・クミン、ガーリック、ターメリック　各小さじ1／2
・スライスかぼちゃ（200g・レンジ5分）と豚ひき肉（200g）
または、しいたけ（1袋・軸を取り、好みの厚さにスライス）と長ねぎ（1／3本程度・斜め切り）
・オリーブオイル、塩、胡椒など（適宜）。

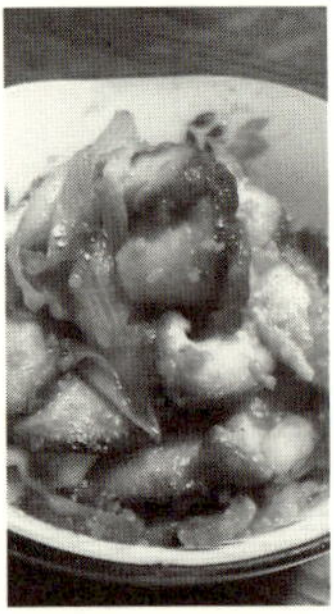
スライス&スパイスオイル炒め（しいたけと長ねぎ）

【作り方】
① クミンとガーリックをオリーブオイルで熱します。
② 材料を①のオイルで炒めます。
・「かぼちゃと豚ひき肉」なら子どもも食べやすい副菜に。
・「しいたけと長ねぎ」なら、大人好みのおつまみに。
③ 仕上げにターメリック小さじ1／2をまぶして炒めます。軽く塩をふり、味をととのえて、できあがり。
★隠し味に醤油をひと回しして仕上げると和風のおかずに。
★火が通りにくい材料は、レンジ加熱で、あとで炒めたり焼いたりする時間を短くできます。

★スパイス料理の基本として、オリーブオイルになじませて使うことを知っておくと便利です（本レシピ制作には、フルーティで軽い、パレスチナオリーブEXヴァージンオリーブオイルを使用しました）。

スライス＆スパイスオイル炒め（かぼちゃと豚ひき肉）

スパイスの女王カルダモンの肉野菜炒め

【スパイス・材料など】（2〜3人分）

・カルダモン、パプリカ、クミン　小さじ1

・カットのミックス野菜1袋（300g）、豚こま肉（250g）

【作り方】

① クミン、カルダモン、パプリカ各小さじ1を混ぜ、豚肉にまぶし、もみこみます（ビニール袋を使うと便利）。

② ミックス野菜から、ピーマンやにんじん、キャベツの芯などを取り出し、レンジに5分かけておきます。

③ ①の豚肉、②のレンジ野菜、残りのミックス野菜を炒め、塩・胡椒で味をととのえて、できあがり。焼きそばにも応用できます！

3種のエスニック風スパイシーごはん！

【スパイス・材料など】（2～3人分）
・パプリカ、コリアンダー、クミン、ガラムマサラ、ガーリック、ジンジャー　各小さじ1
・ごはん　茶わん4杯分
・ケチャップ、オイスターソース、ナンプラー、パクチー、粉チーズ　それぞれ適量（味付け用）
ほか、アレンジ用の具材（必要に応じて）

エスニック風スパイシーごはん

【作り方】
① スパイス各小さじ1を混ぜ、オリーブオイルで熱します。
② ごはんに①をからめて炒めると、スパイシーごはんのベースができます。
以下、お好みで仕上げてください。

★ナンプラーで炒めると東南アジア風。お好みでパクチーを。オイスターソースを隠し味に使うとコクが出ます。
★スイートバジルやひき肉、たまねぎ、野菜のパプリカを炒めて加えると、タイ風のガパオライス（チャーハンタイプ）にも。
★ケチャップで炒めると見た目はナシゴレンにも似て、甘い仕上げに。粉チーズが合います。

タイ風
ガパオライス
(チャーハンタイプ)

自由研究！ 10種のスパイス薬膳カレー

【スパイス・材料など】(2〜3人分)
・〈A〉ガーリック、ジンジャー、コリアンダー、クミン、カルダモン、シナモン、パプリカ、クローブ　各小さじ1
・〈B〉ガラムマサラ、ターメリック各 小さじ2
・たまねぎ 2〜3個(みじん切りにしておきます)
・マッシュルーム　1パック（エリンギで代用可。ただし調味で塩を少し多めに）、
・トマトソース　1箱（388g）
・プレーンヨーグルト　1／2パック（225g・肉の漬込み）
・豚肉（200g〜300g。身体を温めるラム肉などでもOK）

【作り方】
①〈A〉のスパイスを混ぜてオリーブオイルで熱して、たまねぎを炒め、色が変わったら、薄切りマッシュルームと、漬け込んでいた豚肉をヨーグルトごと炒め煮します。
②豚肉に火が通ったら〈B〉のスパイスを入れてなじませ、トマトソースを入れ、塩・胡椒で味を作ります。
コクを出すならオイスターソースなど隠し味を加えます。
③味がととのえば、できあがり。粉チーズが合います。

たっぷりのたまねぎがベース。油も少なく食後の調子や感じ方も違うでしょう。お好みで、具材や隠し味を自由に工夫してください。甘めにするならりんごなどフルーツも。

◆親子でスパイシー!! カレーで食育!

10種のスパイス薬膳カレーは、親子で夏休みの自由研究にもぴったり。各スパイスの分量を変えてみましょう。

前半のスパイス〈A〉が土台。好きなものを小さじ1増やしてみてもよいでしょう。もし、ここのスパイスがそろわなくても、ほかのスパイスを加えても、それも自由研究です。

カレーで自由研究

後半のスパイス〈B〉がカレーの味を作ります。辛さの増減はガラムマサラや、市販のカレー粉でできます。

健康と食育、楽しい食卓に役立てば幸いです。

ガーリック：疲労回復、滋養強壮、糖質分解促進など。
ジンジャー：消炎、保温、免疫アップ、健胃など。
コリアンダー：胃腸の活性化、新陳代謝改善など。
クミン：消化促進、解毒、健胃、肝機能改善など。
カルダモン：疲労回復、整腸、口中清涼感など。
シナモン：発汗・発散、温熱、健胃、抗酸化作用など。
パプリカ：疲労回復、夏バテ予防、抗酸化作用など。
クローブ：殺菌、消毒、消臭、抗酸化作用など。
ターメリック：肝機能改善、消化、新陳代謝改善など。
ガラムマサラ：インド料理の辛みスパイス。ガラム（暑い）とマサラ（混ぜたもの）が語源のミックススパイス。

◆食材選びで迷ったときの参考に

実証の人は、デトックス系、すなわち過剰なものを減らす働きのある食材を取り入れ、虚証の人はサプリ系、つまり不足しているものを補う食材がよいでしょう。

さらに、暑がりの場合は、身体の熱を取り除く（冷やす）ものを、寒がりの場合は、身体を温めるものもあるとよいですね。これらをミックスさせるバランスが大事です。

なかには、しょうがのように、加熱すると寒がりの人向け、生だと暑がりの人向けになるものもあります。

どのような体質でも、コミュニケーションのある食卓を心がけてください。食事がよいものと思えることが食育の基本です。親も子も自分の人生を大切にしたいと思うこと、食を大切にすることが、身体と心を支える土台となります。

虚証の人向け	実証の人向け
ねぎ、にんにく（加熱）、いも、豚肉、人参、あさりなど。	もやし、海藻、こんにゃくセロリ、にんにく（生）、ゴーヤなど。
寒がりの人向け	**暑がりの人向け**
温野菜。根菜類。寒い地域で採れる野菜や果物など。にんにく、かぼちゃ、にら、しょうが（加熱）、いんげん、大根、みょうがなど。ほか、牛肉、たらなど。	生野菜。葉菜類。暑い地域で採れる野菜や果物など。きゅうり、トマト、バナナ、なす、しょうが（生）、ほうれんそう、かきなど。

[著者]

丁 宗鐵（てい・むねてつ）

1947年東京都生まれ。医学博士。日本薬科大学教授・学長。百済診療所院長。

横浜市立大学医学部で漢方と出会う。その後、北里研究所東洋医学総合研究所、アメリカのスローン・ケタリングがん研究所、東京大学医学部、東京女子医科大学などを経て現職。

「朝カレー」の提唱者であり、テレビ東京系『主治医が見つかる診療所』やNHKラジオにて長年レギュラーを務める。著書は『図解 東洋医学のしくみと治療法がわかる本』（ナツメ社）、『病気にならない朝カレー生活』（中経出版）ほか多数。

本書は初の教育書であり、ユニークな方針で妻と育てた3人の子は、それぞれ東大、立教大、獨協医大を卒業し、一級建築士、弁護士、医師として活躍中である。

名医《めいい》が語《かた》る親子学《おやこがく》——子《こ》どもの体質《たいしつ》を知《し》って個性《こせい》を伸《の》ばす

平成30年4月10日　初版発行

著　者　丁《てい》 宗鐵《むねてつ》

執筆協力·レシピ　石河穂紀
発 行 者　株式会社 明治書院　代表者　三樹 蘭
印 刷 者　精文堂印刷株式会社　代表者　西村文孝
製 本 者　精文堂印刷株式会社　代表者　西村文孝

ブックデザイン　斉藤よしのぶ
D T P　斉藤よしのぶ＋大庭知華

発 行 所　株式会社 明治書院
〒169-0072 東京都新宿区大久保1-1-7
TEL 03-5292-0117　FAX 03-5292-6182
振替 00130-7-4991

Printed in Japan ISBN978-4-625-68614-6 C0037